指数基金投资新思维

天弘指数基金研究小组 著

INDEX FUND
NEW INVESTMENT THINKING

指数基金近年来发展迅猛，已经成为基民非常喜爱的投资品种之一。很多用户尝试过投资指数基金，但对于如何理性投资却还有很多疑问，如投资多长时间较好？什么时候加仓？什么时候减仓？亏损了以后怎么办？定投选周定投好还是月定投好？是否有持续性经验可借鉴？低迷行情下该怎么做？等等。本书汇集了千万指数基金投资者的经验与教训，通过多重维度客观分析和呈现用户行为，从天弘指数基金的全量用户投资行为数据来窥斑见豹，洞见指数基金投资用户的行为规律，力求为投资者找到科学的投资路径。

图书在版编目（CIP）数据

指数基金投资新思维 / 天弘指数基金研究小组著. — 北京：机械工业出版社，2023.4
ISBN 978-7-111-72833-7

Ⅰ.①指… Ⅱ.①天… Ⅲ.①指数-基金-投资 Ⅳ.①F830.59

中国国家版本馆CIP数据核字（2023）第046682号

机械工业出版社（北京市百万庄大街22号　邮政编码100037）
策划编辑：朱鹤楼　　　　　责任编辑：朱鹤楼
责任校对：张亚楠　王明欣　责任印制：邰　敏
三河市宏达印刷有限公司印刷
2023年4月第1版第1次印刷
145mm×210mm・6.25印张・1插页・101千字
标准书号：ISBN 978-7-111-72833-7
定价：58.00元

电话服务　　　　　　　　　　网络服务
客服电话：010-88361066　　　机　工　官　网：www.cmpbook.com
　　　　　010-88379833　　　机　工　官　博：weibo.com/cmp1952
　　　　　010-68326294　　　金　书　网：www.golden-book.com
封底无防伪标均为盗版　　　　机工教育服务网：www.cmpedu.com

序言一

近年来，公募基金行业呈现良好发展态势，行业规模快速增长，投资者结构更加均衡，财富效应逐步显现。投资者对公募基金的依赖性总体趋强，公募基金持续10年资金净流入，平均每年净流入金额超万亿元。

其中，指数基金是一个难以被忽视的角色。2022年是中国指数基金诞生20周年，目前中国股票型指数基金规模已经超过2万亿元，持有人户数也超过了1亿户。在指数基金的发源地——美国，美国投资公司协会（ICI）研究数据显示，2021年被动型指数基金占到美股市值的16%，首次超过主动型基金的占比，这一"超越"无疑是历史性的。

被动型指数基金诞生的时间并不久远，至今不过40余年，其能迎来爆发，有着极强的理论支撑，也经受了实践的检验。指数基金旨在获得市场平均水平的收益，因而运营成本低，投资简单、透明、分散，且遵循严格的投资纪律。尽管在 20 世纪刚刚诞生于美国的指数基金一度"无人问津",但后来人们发现,几乎没有人能持续跑赢市场,而被动的纪律化投资却能带来长期优异的回报,因而指数基金逐渐受到青睐。

对于中国市场而言,虽然指数基金处于起步阶段,但近 5 年来,中国指数基金已实现连续快速增长,发展势头迅猛。中国证券投资基金业协会数据显示,截至 2022 年 6 月底,中国公募基金行业总规模较 2021 年底增长 4.8%,而同期指数基金规模的增速达到了 7.6%。目前,中国指数基金整体规模仅为 2 万亿元出头,在全市场公募基金中的规模占比还有很大提升空间。展望未来,中国指数基金正在踏入波澜壮阔的扩容时代。包括基金在内的资管行业,应当既能发挥创新资本形成、居民财富管理、资产交易定价的功能作用,又能承担服务实体经济、增加国民财富、驱动科技创新、促进经济转型的职责使命。

序言一

整体而言，指数基金有着广阔的发展空间，这既有充分的理论支撑，又有国际实践证明，其作为分享资本市场投资红利的优秀工具，正在吸引越来越多投资者的关注。值此中国指数基金诞生20周年之际，天弘基金顺应市场需求，推出了《指数基金投资新思维》这本书。本书围绕投资者关注的40个指数基金投资问题，基于天弘基金旗下3000万客户的真实数据分析，尝试为投资者找到科学的答案。本书不仅数据翔实、贴近用户实操，而且结合不同市场环境对指数基金投资行为做了分析和建议，兼顾专业性、可读性和实用性，为投资者科学认知指数基金，正确审视自己的投资行为，建立长期投资理念，提供了深入浅出的概念解读和生动的实践案例分析。相信投资者和基金从业者都能从书中获益。

中国证券投资基金业协会

2022年12月

序言二

在指数基金来到中国市场20周年之际,我们天弘基金与蚂蚁理财智库合作,对天弘指数基金运作以来的客户行为数据进行分析,得出了一系列指数基金投资行为的报告。在这些报告的基础上,形成了《指数基金投资新思维》这本书,作为中国指数基金诞生20周年的献礼。

对客户行为进行数据分析,是我们进行业务运营的一项日常职能。从2013年开始运营余额宝业务,到2015年开始运营天弘指数基金业务,面对海量的客户和频繁的操作,我们试图对客户的行为有较为全面的认识。我们建立了专门的数据分析团队,依托搭建在云存储端的数据分析系统,对客户交易行为进行持续的观测和分析,并向社会和客户发布了多个数据分析报告,帮助客户和行业从中了解投资理财的规律和交易行为的成败得失。

这本《指数基金投资新思维》，就是基于 3000 万天弘指数基金客户的真实行为分析，总结出客户在指数基金投资方面的特点和结果。由于样本量大、分析周期长，其结论具有充分的代表性，对于投资者、金融服务从业者都有一定的参考意义。

在这本书里，有不少结论是超出我们一般感性认知的。比如，长期投资并不是简单的越长越好，在过去的市况下，适时止盈也是好的策略；比如，普通客户并非一味追涨杀跌，在交易日维度里，下跌申购和上涨赎回是普遍行为，但是在较长一些的周期，客户往往是买在较高位置，错失市场的低位；再比如，一些投资收益较好的投资者，其投资结果在不同年度呈现了一定的持续性，他们的持有和交易行为也呈现出不同于广大客户的特点，说明好的投资理念和投资方法对投资确实有帮助。本书从 40 个维度呈现了客户投资的真实数据，相信这些对于指数基金投资者和指数基金服务提供者都会有一些启发和借鉴作用。

当然，我们也要指出，书中的一些分析结论，是客户行为阶段性的分析和呈现，并非投资规律和投资原则的完整揭示，也不可避免地受到分析周期里市场环境的影响。在天弘指数基金的业务实践中，我们看到普通客户对指数基金越来越青睐，说明它确实是服务于普通客户进行权益投资的好工具；同时我们也深刻体会到，指数基金业务应与投顾服务相伴相随。我们在业务普及和产品推广的同时，应该更多地为客户提供一些投顾服务产品化和交易流程投顾化的工具，供客户选择使用。虽然在投资理财领域，不可能有包打天下的秘籍，但如果经过实证的工具和方法有利于平滑波动、降低成本、增强投资信心,就可以为客户提供实实在在的帮助。希望这本《指数基金投资新思维》可以有这方面的价值。

周晓明
天弘基金副总经理
2022 年 12 月

前 言

工作赚钱那么辛苦,投资理财可不能马虎。谁也不想自己辛苦赚来的钱,因为盲目投资而亏损,但如果不投资,又可能会跑不赢通胀,眼睁睁看着财富缩水。如果我们想通过投资赚钱,那么选择简单清晰的投资工具,并学习一定的理财知识,从前人的成功和失败中总结规律,将有助于我们克服人性的弱点,指导我们更科学地投资。

你知道吗?有一种简单清晰的投资工具——"指数基金"近年来受到越来越多投资者的认可。指数基金因其简单清晰、费率低廉、专业透明、规范化运作、顺应用户行为在线化的特征,已成为最适合互联网平台生态的投资工具之一,因此其人气在国内越来越高。

2022年是中国指数基金诞生20周年,过去20年,中国指数基金蓬勃发展。截至2022年8月31日,根据

前言

WIND数据，中国股票型指数基金（以下简称指数基金）数量达到1494只，指数基金规模超过2.01万亿元，数量及规模分别较2021年底增长44.54%和6.38%。截至2022年6月30日，全行业指数基金的持有人户数合计10581.03万户。

在一线业务开展以及用户陪伴中，我们发现，投资者"盲买"的现象比较突出，对产品特征、收益与风险的关系和如何正确地投资并不了解。投资多长时间较好？什么时候加仓或减仓？亏损了以后怎么办？都是用户实操中的难题。天弘基金通过调研收集了用户比较感兴趣的40个问题，希望通过数据分析的方法，为大家找到科学的答案。

以史为镜，可以知兴替；以人为镜，可以明得失。天弘基金大数据中心基于3000万指数基金投资用户的历史投资行为数据，运用科学数据模型，刻画出真实的用户行为习惯，将客观数据与真实结论凝结于本书，希望以史为镜、以人为镜，为大众投资者提供一些借鉴和反思，帮助投资者以更好的心态和方法去参与指数基金投资。

在投资中，投资者遇到的第一个问题就是：品种那么多，究竟怎么选？在投资的世界里，没有最好的产品，只有最适合自己的产品。本书第一章梳理了指数基金的特征、发展历程，解答了什么是指数基金，为什么指数基金既能让投资小白快速上手，又能为忙碌的上班族省时省力，力求让投资者更好地了解指数基金。

国民可支配收入不断增长，为指数基金注入了"源头活水"。那么哪些人在买指数基金，用户投资行为的全貌是怎样的？本书第二章描绘了指数基金投资者的人群构成、收益情况、行为特征,全面呈现了指数基金投资者的整体画像。

本书第二章切入实际操作,围绕"如何操作才能盈利",全面分析了3000万用户的行为规律,以及对于收益的影响情况。分析发现,投资期限、操作频率、买卖时机、定投选择等要素,都会影响指数基金投资收益。本章以客观数据给出了有助于提高投资收益的行为选择,挑战了一些由来已久的惯性观念,也验证了一些颠扑不破的投资真理。

本书第四章聚焦机构客户、散户牛人和高净值用户等特殊群体,看看在起起伏伏的投资江湖里,有人能持续赚钱吗?牛人是怎么操作的?大资金的客户有什么交易偏好,他们会不会赚得更多?

接下来，本书第五章将视野拓宽，关注更宏观的市场环境因素，探讨不同市场环境下的投资策略切换问题。"一个人的命运，既要看个人奋斗，又要看历史的进程"，中国经济进入了高质量发展阶段，A股运作机制还在不断完善，目前市场走势具有较强周期性，板块轮动效应明显。这对于投资者而言，意味着很难以单一投资策略获得持续稳定的收益。本章基于A股特征，挖掘了经济周期和投资收益的关系，以及适配不同阶段的投资策略。值得一提的是，本章还回溯历史，对上一次弱市行情下投资者的交易行为及收益情况进行梳理，希望帮助投资者更好地理解和应对2022年以来整体走势偏弱的投资环境。

通过前述对用户操作行为的洞察，本书第六章进一步提炼，给出了指数基金投资的五大误区与五大法宝，系统地总结了提升指数基金投资收益的方法,希望帮助投资者获得更好的投资体验。

本书第七章,展望了指数基金的发展前景。当前投资者对指数基金的认知不断提升,加上基金公司布局力度加大,指数基金正在步入发展快车道。未来,随着中国互联网深度渗透、政策持续支持、养老金的入市以及国际资金的进入,中国权益指数产品创新大有可为,将不断迎来发展机遇。

整体而言,本书具有四大特色:

第一,基于千万用户真实交易数据,为读者客观呈现指数基金用户的投资行为及其启示。

第二,专业团队撰写,观点权威可靠。天弘指数基金研究小组由拥有实战经验的专业基金公司资深员工组成,包括天弘基金大数据中心、互联网金融市场部、产品部、指数与数量投资部的跨部门成员。他们均毕业于国内外一流院校,深耕指数基金投资领域,对读者关注的问题、如何找到科学的答案有深刻理解。

第三,内容更贴近用户实操。本书所列问题均来源于用户调研和咨询,从实践出发、从数据出发,以客观数据多维度解答怎样操作才能盈利,更能满足用户的实操需求。

第四,结合弱市行情进行分析和建议,通过长短周期对比、牛熊市对比,帮助用户厘清在不同市场环境下如何调整投资策略。

当下,投资理财已成为全民话题,指数基金作为简单清晰的投资工具,在中国展现出了巨大的市场潜力。

前　言

与此同时，投资者对于投资理财知识的需求也亟待满足。本书希望通过对 3000 万指数基金用户的真实交易数据的分析，揭示用户投资中的常见误区，总结有助于盈利的投资方法，帮助用户在投资的道路上获得更好的收益，同时也推动指数基金的健康发展，与用户共同成长，助力指数基金成为普惠金融的典范。

用户洞察与数据挖掘能力是天弘基金一直以来的一大优势。天弘基金从 2014 年开始推出余额宝大数据报告，到 2022 年推出《指数基金投资者行为洞察报告》，每年一个主题，为用户和行业提供了很多用户行为数据的参考。2022 年末，在中国指数基金诞生 20 周年之际，天弘基金本着公益化定位，以权威的数据分析体系，将天弘基金的数据研究成果回馈于用户和社会，联合蚂蚁理财智库共同推出《指数基金投资新思维》，希望这本书可以为用户、研究机构、新闻媒体、资管行业和监管者提供全面观测普通投资者权益投资行为、全面看待指数基金的新视角。

出书只是天弘基金在用户心智投教（投资者教育）方面的一小步，作为持续深耕指数业务的团队，在日常工作中，天弘基金会不断通过各种用户喜闻乐见的方式陪伴用户。看完本书，大家也可以在支付宝 App 首页搜索"天弘基金"，关注天弘基金生活号和财富号，欢迎大家与天弘基金进行交流和讨论，希望有更多的用户能够更加了解指数基金，并通过指数基金实现长远的收益！

前 言

注：1. 中国指数基金数量统计口径不含QDII。

2. 中国指数基金持有人规模数据取自2022年基金产品中报。

3. 若非特别标注，本书数据区间为2019年1月1日至2022年8月31日。全市场类数据均取自WIND，涉及天弘基金相关数据均取自天弘基金大数据中心。

4. 用户数据范围：天弘指数基金全量用户信息以及问卷调研结果，并进行数据脱敏。

5. 天弘基金大数据中心为天弘基金旗下一级部门，负责数据存储、挖掘、分析和应用，辅助投研和销售部门更科学地服务用户。

风险提示

本书分析数据来源于天弘基金,并不代表全市场,观点仅供参考,不构成投资建议。本书取自 2019 年开始,国内指数基金迎来快速发展期的相关样本数据,期间市场走势或具有一定特殊性,相关洞察论点仅供参考。指数基金存在跟踪误差,基金过往业绩不代表未来表现。购买前请仔细阅读基金合同、基金招募说明书和基金产品资料概要等产品法律文件,充分认识基金的风险收益特征和产品特性,认真考虑基金存在的各项风险因素,并根据自身的投资目的、投资期限、投资经验、资产状况等因素充分考虑自身的风险承受能力,在了解产品情况及销售适当性意见的基础上,理性判断并谨慎做出投资决策。定投非储蓄,不能规避基金固有风险,不能保证投资者获得收益。市场有风险,投资需谨慎。指数产品如投资港股通标的股票,需承担港股通机制下因投资环境、投资标的、市场制度以及交易规则等差异带来的特有风险。QDII产品主要投资于境外证券市场,除了需要承担与境内证券投资基金类似的市场波动风险等一般投资风险外,此类基金还将面临汇率风险、境外证券市场风险等特殊投资风险。本书数据及结果仅供参考,不代表对基金未来收益及用户投资行为的保证。

目　录

序言一

序言二

前言

第一章
指数基金价值几何？

01　指数基金是什么？　...002

02　为什么选择指数基金？　...007

第二章
哪些人在买指数基金？

03　买指数基金的人多吗？　...012

04　天弘旗下哪些指数基金最赚钱？　...014

05　指数涨幅越高，用户赚钱也越多吗？　...019

06　年龄越大投资收益越好吗？　...023

07　不同保有金额的投资者，在投资上有什么不同的行为趋势？　...026

08　天弘用户平均会持有多少只指数基金？　...030

09　天弘用户入手的第一只指数基金是什么？　...032

10 近一年天弘用户都在买哪些指数基金? ...035

11 哪些人在买指数基金? ...038

第三章
如何操作才能盈利?

12 长期投资能不能赚钱?多久算长期? ...044

13 长投、短炒和定投哪个更赚钱? ...048

14 操作越多,赚得越多还是越少? ...051

15 个人投资者都喜欢追涨杀跌吗? ...053

16 多大的涨跌幅会明显影响投资者赎回? ...058

17 一般投资者在什么行情选择买入? ...061

18 止盈或止损后如果基金继续上涨,投资者还会再次买入吗? ...064

19 天弘用户都在定投什么指数基金? ...066

20 定投是不是越长越好? ...069

21 月定投、双周定投、周定投怎么选？ ...073

22 都说投资存在二八现象，如何操作才能盈利？ ...076

第四章
机构、牛人、高净值用户是如何操作的？

23 专业机构操盘动向如何？ ...082

24 牛人有哪些赚钱秘籍？ ...084

25 牛人赚钱行为是否可持续？ ...089

26 百万元及以上高净值用户有没有收益率更高？ ...091

27 高净值用户止盈止损能力会更好吗？ ...094

第五章
如何应对不同市场环境？

28 不同市场环境是否要调整投资策略？ ...098

29 经济周期与指数基金投资盈利水平有什么关系？ ...101

30 震荡市该不该买指数基金? ...104

31 低迷行情下有什么投资建议? ...107

32 基金公司集中大额自购时,是否是投资好时机? ...114

33 持仓跌 20% 时,该如何操作? ...118

34 涨 20% 了,该卖了吗? ...121

第六章
五大误区和五大法宝

35 投资指数基金有哪些误区? ...126

36 投资指数基金有哪些法宝? ...132

第七章
指数基金发展前景如何?

37 国际指数基金发展现状如何? ...140

38 国内指数基金发展现状如何? ...145

39 指数基金监管趋势和未来发展方向怎样？ ...153
40 指数基金可以怎么"玩"？ ...158

结　语
附　录
　　附录A ...166
　　附录B ...169
　　附录C ...172

第一章
指数基金价值几何?

01

指数基金是什么?

一种特殊的股票基金,按照指数编制规则,投资多只股票,以期获得这些股票的平均收益。

第一章 指数基金价值几何？

股票型指数基金（以下简称指数基金）很多人都买过，全国超1亿人购买足以说明其受欢迎程度。指数基金的标准定义有点拗口，我们先用大白话描述一下。指数基金就是提前规定好一个投资方向，买这个方向上的多只股票，获得这些股票的平均收益，分散风险。这意味着不太需要基金经理选股、经常换股票，而是严格按照指数编制规则，以纪律化投资方式去投资这些规定好的股票。投资者购买行业指数基金，例如医药指数基金，实际买的就是多只医药类股票。选择宽基指数基金，例如沪深300指数基金，投资的股票所属行业就比较宽泛，相当于买大盘。大盘涨，它就涨；大盘跌，它就跌。

现在再来看标准定义，可能好理解一些。指数基金是一种特殊的股票型基金，也称指数型股票基金或被动型基金，以特定指数为标的指数，并以该指数的成分股为投资对象，通过购买该指数的全部或部分成分股构建投资组合，以复制、追踪标的指数表现的基金产品。

这里可以拆分成两层来看，一是指数，二是指数基金。这里的指数，简单理解就是根据多只股票编制出来的价格平均数，收益也是这些股票收益的平均值。用专业术语说，就是表征市场，以度量和反映股票市场总体价格水平和变动趋势，可用于构建被动投资工具以及组合管理的基础。指数基金，简单理解就是选定一个指数，购买这个指数编制规则内的所有股票，从而复制这个指数所选的股票走势的基金产品。

因为不用基金经理主动选股，所以指数基金也称被动投资基金。它的特点是把选择前置化了，在编制指数的时候，就选择了某些具有长期投资价值的方向或者细分行业，并且在此方向上选择上市公司利润高、买的人多的优质股票。用专业术语说，就是根据中国经济运行规律，前瞻性布局价值或高成长的赛道或宽基，并选择了其中基本面好、流动性高的龙头股。这样前置化选择的好处就是，用户买的时候简单清晰，一看名字就能知道买了什么方向的股票，并且投资风格不漂移，能保持纪律化的投资。

指数基金起源于美国，经过近50年的发展，在全球范围内已经大放异彩。截至2021年6月末，全球指数基金规模达16.3万亿美元，超过了除美国之外的任何一个国家的年度GDP总量，在过去10年里，其年化复合增长率达到了将近17%。

指数化投资发展起来的根基在于，从长期趋势来看，没有人能够持续战胜市场。这里有两个关键词，一个是长期，一个是持续。这背后的原理是尤金·法玛提出的

"有效市场"假说：在机制完善的市场里，一切信息都被反映在股价中，普通投资者很难获得超额收益。如果考虑到交易成本，普通投资者的收益实际上会逊于大盘。而选择指数化投资，可以克服人性的弱点，获取整个市场或者某个赛道的平均收益。

因此，投资者在适合自身风险偏好基础上，选择指数基金这样一种好工具，在投资的路上可能会帮自己省心、省钱、省时，指数基金是适合普通投资者的一种投资选择。

02

为什么选择指数基金?

简单透明、充分分散、费率低廉、紧跟行情、及时调仓。

指数基金的优势可以归纳为五方面：简单透明、充分分散、费率低廉、紧跟行情、及时调仓。

（1）**简单透明**。指数基金采用部分或全部复制跟踪指数的投资方式，因此投资标的简单透明，业绩透明度较高。

（2）**充分分散**。指数基金通过买入多只股票分散风险，而股票涨幅无上限，跌幅却有下限，最多只能跌100%，导致指数平均涨跌幅可能要大于实际涨跌幅的中位数。例如10只股票中，有一只上涨10倍即收益率1000%，4只股票涨幅为0，5只股票跌幅各20%，收益平均值则是90%。你也许很难押中涨幅最高的股票，但是买了这些股票编制的指数，获取的平均收益可能也不错，还能有效降低"黑天鹅"事件带来的风险。

（3）**费率低廉**。根据国内全市场的基金统计，主动管理的股票基金的平均费率为1.75%（管理费1.5%+托管费0.25%），而指数基金的平均费率仅为0.77%（管理费0.64%+托管费0.13%），这可以有效帮助投资者节约成本。除了管理费用和托管费用外，国内指数基金的申赎费用也显著低于其他类型的基金，其中的指数基金C份额无申赎费用。

（4）**紧跟行情**。由于指数基金采用纪律化投资，克服了投资者情绪的影响，仓位都维持在90%以上，可以快速抓住行情，被不少人誉为"捕牛利器"。与之相比，投资股票或主动管理的股票基金很容易反应不及，仓位跟不上去，但指数基金依靠高仓位的纪律化投资可以快速跟上市场行情。

（5）**及时调仓**。业绩长青的股票并不多见，但指数基金却可以通过及时调仓保持活力。指数公司会根据市场变化及个股情况变化，定期调整成分股，指数基金也会据此进行调仓，这在一定程度上保证了投资组合的活力。

无论是让投资小白快速上手、降低试错成本，还是让忙碌的上班族免于时时盯盘、抓住行情，指数基金在此都具有一定优势。实际上，投资大师巴菲特就不止一次公开推荐指数基金，将其视为最适合普通投资者的品种，认为通过投资指数基金，普通人也能超过投资专家。目前，市面上可供选择的指数基金已经非常丰富，比较主流的有沪深300指数基金、创业板指数基金等宽基指数基金；光伏指数基金、银行指数基金、医药指数基金等行业或主题指数基金；标普500指数基金、纳斯达克100指数基金等海外指数基金；以及红利低波、长期竞争力等策略指数基金。

第二章

哪些人在买指数基金？

03

买指数基金的人多吗?

全国指数基金用户数超 1 亿人。

第二章 哪些人在买指数基金？

都说指数基金好，那么究竟有多少人选择指数基金呢？目前，指数基金已成为最适合互联网平台生态的投资品种之一，截至2022年8月31日，全国指数基金用户数超1亿人，其中，天弘指数基金用户数已超过3000万人，资产规模超800亿元，成为人气较高的指数基金系列。天弘指数基金产品全、费率低、用户多，样本代表性较好，下面我们就以天弘指数基金用户全量数据（脱敏后）来分析指数基金用户行为，希望为投资者解答在实际投资操作中会遇到的难题。

04

天弘旗下哪些指数基金最赚钱?

天弘创业板 ETF 联接基金、天弘沪深 300ETF 联接基金、天弘中证光伏产业基金,自 2019 年以来分别为用户赚取收益 20 亿元、15.24 亿元、14.54 亿元。

第二章 哪些人在买指数基金？

截至 2022 年 8 月 31 日，天弘基金旗下共有 68 种指数产品，其中哪种产品最能给用户赚钱呢？数据显示，2019 年以来，给用户赚钱较多的产品前三名分别是：天弘创业板 ETF 联接基金、天弘沪深 300ETF 联接基金和天弘中证光伏产业基金，分别为用户赚取收益 20 亿元、15.24 亿元和 14.54 亿元。

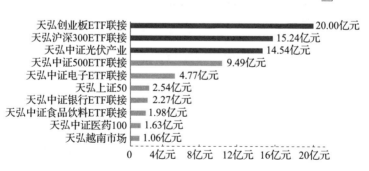

2019年以来为用户赚取收益排行前十名

注：数据仅供参考，基金业绩表现请见基金定期报告。

近年来，随着我国经济结构转型，以科技创新为核心的新兴经济快速崛起，科技型中小企业快速发展，加上中小企业解决了大部分居民就业问题，也越来越受到政策端重视。在此背景下，创业板迎来了"大时代"，创业板指数成为颇受关注的宽基指数。根据 WIND 数据，截至 2022 年 8 月 31 日，创业板指数自 2019 年以来涨幅为 105.55%，显著跑赢同期涨幅为 28.40% 的上证指数。天弘创业板 ETF 联接基金跟踪创业板指数，选取创业板市值前 100 的股票，全面覆盖新能源、医药、电子等高景气行业。截至 2022 年 8 月 31 日，天弘创业板 ETF 联接基金规模达到 47.96 亿元，累计购买用户数超 347 万人，为用户赚取收益 20 亿元。

沪深 300 指数作为中国市场代表性最强的指数之一，也是受投资者欢迎的"基本款"。截至 2022 年 8 月 31 日，

第二章 哪些人在买指数基金?

沪深 300 指数总市值合计 48.51 万亿元,占全部 A 股总市值的 56%,被 64% 的基金选作业绩比较基准,可见其在 A 股市场的地位。沪深 300 指数囊括 300 只龙头股,当前中国经济进入高质量发展阶段,龙头策略相当有效。如果大家长期看好中国经济,配置沪深 300 指数基金是相对省心、简单和有效的投资方式。截至 2022 年 8 月 31 日,天弘沪深 300ETF 联接基金规模达到 69.07 亿元,累计购买用户数接近 1100 万人,为用户赚取收益 15.24 亿元。

光伏产业可谓是近几年持续走红的高强赛道,伴随着全球能源转型需求增长,光伏产业在过去十年中经历了快速发展,在"双碳"机遇下,更是爆发出惊人的成长性,已成为我国为数不多在国际上具有主导优势的战略新兴产业。根据 WIND 数据,截至 2022 年 8 月 31 日,中证光伏产业指数自 2019 年以来涨幅达到 265.47%，同样大幅跑赢同期上证指数，历史业绩弹性十足。天弘中证光伏产业指数基金紧密跟踪该指数，全面覆盖产业上中下游 50 只龙头个股，基金规模、用户数、业绩、用户收益多边共赢。截至 2022 年 8 月 31 日，天弘中证光伏产业基金规模突破 113.14 亿元，累计购买用户数超 295 万人，为用户赚取收益 14.54 亿元。

05

指数涨幅越高,用户赚钱也越多吗?

不是,大部分用户买在高点,是指数基金赚钱多但用户赚不了那么多的原因。

截至 2022 年 8 月 31 日，天弘基金期下 2019 年以来涨幅最高的产品前三名分别是：天弘中证食品饮料 ETF 联接基金、天弘创业板 ETF 联接基金和天弘中证 500 指数增强基金。涨幅分别为 144.98%、102.86% 和 98.93%。但这三只却不是用户平均年化收益率最高的基金。用户平均年化收益率最高的三只指数基金为：天弘中证红利低波动 100 指数基金、天弘中证 800 指数基金和天弘沪深 300ETF 联接基金，用户平均年化收益率分别为 11.12%、6.94% 和 6.79%。

那为什么指数基金赚钱但用户不赚钱呢？我们调取 2019 年以来的数据发现，2020—2021 年牛市高点时涌进了大批新用户，由于建仓成本较高，这些用户的盈利水平也随之降低。

2019年以来产品涨跌幅排行与用户收益率

产品名称	产品成立时间	产品涨跌幅	年化收益率[2]
天弘中证红利低波动100	2119-12-10	29.24%	11.12%
天弘中证800	2015-07-16	65.33%	6.94%
天弘沪深300ETF联接基金	2015-01-20	40.08%	6.79%
天弘标普500	2019-09-24	28.89%	6.62%
天弘中证光伏产业	2021-01-28	39.08%	6.41%
天弘中证500ETF联接	2015-01-20	64.89%	6.38%
天弘创业板ETF联接	2015-07-08	102.86%	5.97%
天弘上证50	2015-07-16	34.37%	4.97%
天弘中证科技100指数增强	2020-10-28	6.18%	2.87%
天弘中证电子ETF联接	2015-07-29	84.65%	2.82%

注：①数据仅供参考，基金业绩表现请见基金定期报告。
②平均年化收益率＝平均收益率×（365/用户平均持有天数）。

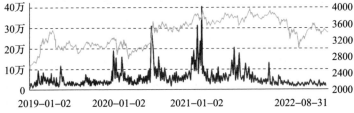

不过，值得一提的是，大盘价值风格型基金（如天弘中证红利低波动 100），自 2019 年初至 2022 年 8 月 31 日形成 29.24% 的涨幅看似不高，但其在波动行情中表现尤为突出，投资者也因长期持有而获得了平均年化 11.12% 的较优收益率——这是对投资者耐心、坚守能力圈的回报。

06

年龄越大投资收益越好吗?

是的，60前收益最好，另外70后最长情，00后持有期最短。

我们统计了不同年龄段用户的持仓行为、收益率情况，以及他们在涨跌幅超过 3% 的大涨和大跌行情下的行为特点。在持有期方面，70 后是持仓期最长的人群，平均持有期为 342 天。而 00 后的持有期明显短于其他年龄段人群，平均持有期为 123 天。在收益率方面，年龄越大的用户平均收益率越高，说明"姜还是老的辣"，60 前平均收益率达到 8.49%、60 后是 5.99%、70 后是 3.82%、80 后是 3.32%、90 后是 2.39%、00 后是 –0.30%。

同时从收益率中位数来看，除 00 后外，其他各个年龄段的收益率中位数相差不大，说明大龄用户中存在一些投资高手，以较高的收益率拉高了该年龄段的收益率均值。00 后的平均收益率和收益率中位数都在各个年龄段中较低，与其持有期较短有关。投资不能太着急，心急吃不了热豆腐，00 后还需要时间和经验的积累。

从操作行为来看,在大涨大跌行情面前,60后和70后更有"抄底意识",在大跌时的申购用户占比来看,比其他年龄段平均高3~5个百分点,而00后由于投资经验不足,在大涨大跌行情下更容易买在大涨时、卖在大跌时。

各年龄段用户持有期和收益率情况

年龄段	平均持有期	持有期中位数	平均累计收益率	累计收益率中位数
60前	297天	153天	8.49%	0.67%
60后	315天	153天	5.99%	0.71%
70后	342天	156天	3.82%	0.84%
80后	332天	135天	3.32%	0.83%
90后	256天	95天	2.39%	0.59%
00后	123天	48天	−0.30%	0.18%

注:数据仅供参考,基金业绩表现请见基金定期报告。

07

不同保有金额的投资者，在投资上有什么不同的行为趋势？

保有金额越多，建仓和清仓次数越多、平均持仓期越长、越敢于抄底。

第二章 哪些人在买指数基金？

对于不同的投资者，我们进行了保有金额分层统计，发现保有金额越高的用户，其投资经验相对也越丰富，平均建仓次数和清仓次数也越多，说明其对市场更有自己明确的判断，操作也更果断，保有金额在 5 万元以上的用户，平均建仓次数和清仓次数分别达到 2.09 次和 1.64 次。保有金额越高的用户，平均持有期也越长。保有规模在 5 万元以上的用户，平均历史持有期达到 403 天。下图中保有规模 100 元以下的用户是个例外，其持有期较长主要是由于投资金额过少，用户很少主动关注。

在当日涨跌幅超过 3% 的大涨大跌行情下，保有金额更高的用户进行操作的比例同样更高，而低保有金额用户的操作会更激进，无论是大涨还是大跌，低保有金额用户在市场异动时更容易赎回大部分持仓。同时保有金额在 5000 元以上的用户会更多选择在大跌时买入，并且保有金额越高越敢于在大跌时加仓,其中保有金额在20000~50000元的用户,在大跌时选择申购的比例达到了19.31%,显著高于保有金额在1000元以下的用户。

不同保有金额用户投资行为呈现不同趋势

保有金额分层(元)	平均建仓次数	平均清仓次数	平均历史持有期
(0,100]	1.09	0.80	467天
(100,1000]	1.26	0.99	264天
(1000,5000]	1.48	1.19	311天
(5000,1万]	1.61	1.26	357天
(1万,2万]	1.72	1.33	373天
(2万,5万]	1.88	1.44	401天
5万以上	2.09	1.64	403天

不同保有金额用户在大涨大跌时的申赎情况

行情	保有金额分层（元）	申购用户占比	赎回用户占比	申购金额占比[①]	赎回金额占比[②]
大涨	(0, 100]	1.57%	0.84%	57.44%	94.82%
大涨	(100, 1000]	5.03%	3.11%	24.87%	72.82%
大涨	(1000, 5000]	6.86%	4.88%	17.19%	55.73%
大涨	(5000, 1万]	8.05%	6.22%	14.76%	48.61%
大涨	(1万, 2万]	8.10%	6.87%	14.75%	46.75%
大涨	(2万, 5万]	8.84%	8.05%	15.72%	45.32%
大涨	5万以上	8.69%	9.24%	19.95%	44.40%
大跌	(0, 100]	2.57%	0.59%	53.98%	92.59%
大跌	(100, 1000]	8.96%	1.27%	25.16%	83.32%
大跌	(1000, 5000]	13.68%	2.11%	18.81%	76.76%
大跌	(5000, 1万]	17.66%	2.64%	16.19%	71.38%
大跌	(1万, 2万]	17.85%	3.04%	15.67%	69.24%
大跌	(2万, 5万]	19.31%	3.84%	15.88%	67.41%
大跌	5万以上	19.11%	5.13%	17.78%	66.20%

注：①申购金额占比 = 申购金额 / 申购后的总保有金额
②赎回金额占比 = 赎回金额 / 赎回前的总保有金额

08

天弘用户平均会持有多少只指数基金?

平均持有 2.7 只指数基金,持有品种的交叉率不断提升。

第二章 哪些人在买指数基金?

近三年来,用户平均持有指数基金数量在逐年增加,2019年底用户平均持有2只指数基金,到2022年,这个数据上升到了2.7只。可见指数基金产品越来越受欢迎,持有品种的交叉率也在逐年提升。

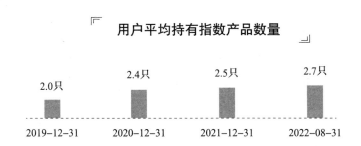

09

天弘用户入手的第一只指数基金是什么?

用户入门选择前两位:天弘沪深300ETF联接基金和天弘中证食品饮料ETF联接基金。

用户首次投资指数基金时，更加倾向于宽基和主题型指数基金，如天弘沪深300ETF联接、天弘中证食品饮料ETF联接、天弘中证银行ETF联接、天弘上证50、天弘创业板ETF联接、天弘中证500ETF联接、天弘中证光伏产业等。首次购买天弘指数基金的用户更喜欢天弘沪深300ETF联接和天弘中证食品饮料ETF联接，可见在宽基中，沪深300更容易被用户关注。在主题基金中，更多人选择从贴近生活且长期收益较高的消费行业入手。

用户首次申购产品的人数占比前十名

排名	产品名称	首次申购人数占比
1	天弘沪深300ETF联接	29.66%
2	天弘中证食品饮料ETF联接	16.96%
3	天弘中证银行ETF联接	12.22%
4	天弘上证50	7.86%
5	天弘创业板ETF联接	6.14%
6	天弘中证500ETF联接	4.88%
7	天弘中证光伏产业	4.77%
8	天弘中证医药100	3.60%
9	天弘中证电子ETF联接	2.21%
10	天弘中证计算机主题ETF联接	2.13%

10

近一年天弘用户都在买哪些指数基金?

近一年天弘申购用户数更高的指数基金：天弘中证食品饮料 ETF 联接基金、天弘中证光伏产业基金、天弘沪深 300ETF 联接基金。

近一年申购用户较多的指数基金既有跌幅较大的天弘中证食品饮料ETF联接，也有弹性较大的天弘中证光伏产业，还有天弘沪深300ETF联接这类基本款指数基金；近一年申购金额较多的指数基金有天弘中证光伏产业、天弘中证银行ETF联接和天弘中证食品饮料ETF联接。看来天弘中证光伏产业和天弘中证食品饮料ETF联接基金既有人气，又比较吸金。另外，天弘中证银行ETF联接的申购金额较大，主要原因是老用户复购，可见大家对于低估值、高分红产品的忠诚度很高。

近一年申购金额和申购用户数前十的产品

排名	申购金额最高产品	申购用户数最高产品
01	天弘中证光伏产业	天弘中证食品饮料ETF联接
02	天弘中证银行ETF联接	天弘中证光伏产业
03	天弘中证食品饮料ETF联接	天弘沪深300ETF联接
04	天弘创业板ETF联接	天弘中证银行ETF联接
05	天弘沪深300ETF联接	天弘创业板ETF联接
06	天弘中证全指证券公司ETF联接	天弘上证50
07	天弘中证证券保险	天弘中证500指数增强
08	天弘越南市场	天弘中证医药100
09	天弘中证500指数增强	天弘中证证券保险
10	天弘恒生科技指数	天弘中证500ETF联接

11

哪些人在买指数基金?

年龄在 20~40 岁的社会中坚力量,男女都爱买,指数基金是普通老百姓投资的重要选择。

第二章 哪些人在买指数基金？

截至 2022 年 8 月 31 日，在天弘指数基金用户中，男性用户占比 54.26%，女性用户占比 45.74%。而 2017 年我们在统计这项数据时，男女用户占比分别为 66% 和 34%，男性用户比例明显高于女性。经过五年的发展，指数基金投资者中女性的比例越来越高，用户性别比例已经与全国男女比例较为相近（根据第七次全国人口普查数据，全国总人口男性占比为 51.24%，女性占比 48.76%）。这在一定程度上表明指数基金不再只是爱冒险的男性用户的选择，而是更加亲民，越来越被普通老百姓所接受。

从地域分布来看，天弘指数基金用户人数最多的五大省为广东省、河南省、山东省、浙江省和江苏省，和中国人口分布结构相一致。保有金额最高的五大省为广东省、浙江省、江苏省、湖北省和河南省，其保有金额分别为66亿元、66亿元、58亿元、52亿元和48亿元。

从年龄段来看,保有人数最多是31~35岁的用户,占比23.53%;紧随其后的是26~30岁的用户,占比22.83%;加上36~40岁、20~25岁的用户,四个年龄段用户合计占比72.77%。可见从年龄段来看,20~40岁的社会中坚力量已成为指数基金的核心用户群。

指数基金保有金额前十的省份

排名	省份	保有金额（亿元）	保有人数（万人）	排名	省份	保有金额（亿元）	保有人数（万人）
01	广东省	66	103	06	山东省	48	71
02	浙江省	66	68	07	四川省	44	67
03	江苏省	58	68	08	湖南省	40	57
04	湖北省	52	60	09	安徽省	38	53
05	河南省	48	80	10	河北省	34	48

第三章
如何操作才能盈利？

12

长期投资能不能赚钱？多久算长期？

能。行情好时持有 2 年，行情不好时，持有 3~5 年，把握住一个经济周期内的较长时段，就算长期。截至 2022 年 8 月 31 日，之前买入并持有 3~5 年的用户平均累计收益率达到了 17.6%，正收益概率为 80.3%。

专业机构和大V经常建议用户要长期投资，但问题是多长时间算长期投资呢？长期投资真的比短期投资好吗？会不会在股市一轮牛熊下来，长期投资还不如短期投资好呢？带着这些疑问，我们用数据来回答。

截至 2022 年 8 月 31 日，持有期在 1~3 年的用户，平均累计收益率均为负，正收益概率不到 50%，这主要与市场震荡有关：截至 2022 年 8 月 31 日的近三年、近两年、近一年，上证指数涨幅分别为 10.95%、-5.70%、-9.64%。而持有期在 3~5 年的用户，平均累计收益率达到了 17.6%，正收益概率为 80.3%。可以看出，当用户持有指数基金满 3 年，其累计收益率明显提升，且正收益概率提升至 80% 以上。但也需关注，指数基金持有超过 5 年的用户正收益概率降到了 66.7%，可见确实存在经济周期波动影响收益率的问题。投资指数基金，把握一个经济周期内的长期投资比较好。

不同持有期的收益率表现（一年以上）

持有期	平均累计收益率	正收益概率
1~2年	−6.0%	28.5%
2~3年	−0.5%	41.8%
3~5年	17.6%	80.3%
5年以上	15.5%	66.7%

另外，我们发现这些数据与2021年略有不同，2021年行情较好，截至2021年12月31日，持有期在两年以内，各持有期区间用户的平均累计收益率均为正，正收益概率为50.7%~59.9%；持有期在2~3年用户的平均累计收益率为12.8%，正收益概率为78.5%；持有期在3~5

年用户的平均累计收益率达到了32.9%,正收益概率为95.8%。可见行情好的时候,指数基金持有满两年,用户收益水平就有明显提升,同样也在3~5年持有期内收益更高。做投资,顺应周期的同时也要根据行情调整投资时长。2022年以来,市场走势较弱,持有3~5年、顺应下一个周期的趋势是较优选择。

13

长投、短炒和定投哪个更赚钱?

长投三年以上可以提升正收益概率,此外定投的正收益概率也较高。

指数基金作为工具化产品，长投、短炒和定投，这三种投资方式都有着大批拥趸，哪种投资方式更好？我们将投资周期在三个月以内的定义为短炒，发现1~3个月的投资平均累计收益率为1.9%，正收益概率为62.1%，1个月以内的投资平均累计收益率为1.4%，正收益概率为61.5%。的确，短炒也可能赚钱的，然而更进一步的事实是，短炒适合投资经验和专业知识丰富的用户。对于普通投资者而言，短炒往往存在不确定性强，可持续性差，操作起来也更不容易等问题。

整体来看，在过去几年中，要么就长期持有3~5年，正收益概率较高，要么在轻微盈利时就及时落袋。持有期不长不短的用户亏钱概率更高，这与近几年的市场震荡行情有关，部分用户买在高点就会造成较差的投资体验，例如持有1~2年的用户，正收益概率只有28.5%，而投资期限拉长到3~5年,正收益概率大幅提升至80.3%。

此外,定投用户的平均累计收益率为6.3%,正收益概率为79.3%。一般来说,定投可以平摊风险,提升正收益概率,也是一种不错的投资选择。

不同持有期的收益率表现(一年以内)

持有期	平均累计收益率	正收益概率
1个月内	1.4%	61.5%
1~3个月	1.9%	62.1%
3~6个月	3.6%	67.5%
半年至1年	1.1%	51.7%

14

操作越多,赚得越多还是越少?

操作越多,赚得越少。

我们通过对比高频交易、中频交易、低频交易[一]用户获得的平均累计收益率，发现高频交易用户平均累计收益率＜中频交易用户平均累计收益率＜低频交易用户平均累计收益率。在投资这件事情上，交易次数越多，赚得越少。建议投资者把功夫花在投资前对产品投向、收益风险比、估值分位、未来产业空间等方面的研究上，一旦选择了，就耐心一点，以免被高频交易吞噬了收益。

不同交易频率用户的平均累计收益率

[一] 高频交易：平均 1 个月主动交易次数 ≥ 4 次；中频交易：平均 1 个月主动交易 1~3 次；低频交易：平均 1 个月主动交易 0~1 次。

15

个人投资者都喜欢追涨杀跌吗?

大部分用户在当日上涨时卖出、当日下跌时买入,但在趋势性行情里,用户容易进行追涨杀跌。

追涨杀跌是指在价格上涨的时候买入，期待在后续上涨中以更高的价格卖出获利了结；在价格下跌时卖出，目的是及时止损。但在实际操作中，追涨杀跌很容易导致高买低卖，收益不佳。指数基金用户喜欢追涨杀跌吗？我们发现，有 89.36% 的产品申购金额与当日涨幅负相关。也就是说，当日跌得越多，申购金额越多；当日涨得越多，申购金额越少。有 85.11% 的产品赎回金额与当日涨幅正相关，即当日产品涨幅越大，用户赎回金额越多，当日产品跌幅越大，用户赎回金额越少。

　　各产品申赎情况与当日涨跌幅的相关性如下图所示。

　　从单日操作来看，用户本意追求的是不要追涨杀跌。然而，从较长周期来看，客观结果却是大量用户在追涨杀跌。大量用户在市场高点入场，例如在上证指数于 2020 年 3 月至 2021 年初的持续上涨行情里，买入用户数不断攀升，尤其在2021年2月18日，上证指数一度冲至3731.69点，为2016年以来最高值，当日指数基金申购用户数超过248万人，大大高于2019年初至2022年8月31日之间的单日平均申购用户数。而自2021年末至2022年4月的下行行情中，申购用户数也一路下行，并于4月13日达到阶段性低点。

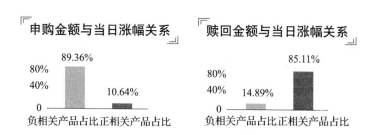

注：统计区间为2019-01-01至2022-08-31，数据统计范围为天弘基金全部场外指数基金。

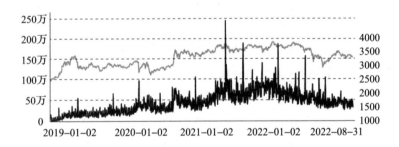

指数基金申购人数与上证指数收盘价

也就是说，用户在主观意愿上，并不想追涨杀跌，也的确能抓住短期单日跌幅较大的低点买入机会，但许多用户抓住的并不是真正的低点，而是市场已经上行一段时间后的较高区间内的小回调机会，这时候实际上已是接近市场见顶区域的高位。等到市场进入真正的低点，用户已经丧失信心不想买入，甚至悲观地认为不知底部在哪并进行杀跌。

这也提示我们,做投资要看较长周期的市场趋势,不要过于关注单日涨跌,即便单日行情为跌,但可能已经持续大涨了一段时间,要避免此时追高。下跌趋势里出现单日上涨时,也要谨慎杀跌,这可能表明市场反转的曙光已经不远了。

16

多大的涨跌幅会明显影响投资者赎回?

单日涨跌幅 5% 以上时,用户赎回率明显提升。

第三章 如何操作才能盈利？

投资考验的往往是人的心态，无论上涨还是下跌，超过某个阈值，会对用户心态产生明显影响。那么当涨跌幅达到多大时，用户赎回的概率才会明显增加呢？根据天弘基金数据，当产品当日跌幅在0%~5%时，赎回率为0.63%~0.98%；而当跌幅超过5%时，赎回率明显提升，上升至2.67%。当产品当日涨幅在0%~5%时，赎回率为0.92%~3.59%，而当涨幅超过5%时，赎回率提升更加明显，上升至5.05%。

另外，当用户近7日收益由亏转盈时，赎回率明显上升，从0.89%提升至2.78%。快速上涨时恐高和回本略赚就卖是用户赎回的主要原因。

不同涨跌幅下赎回用户占比

区间	占比
5%以上	5.05%
(4%, 5%]	3.59%
(3%, 4%]	3.33%
(2%, 3%]	2.31%
(1%, 2%]	1.57%
(0, 1%]	0.92%
[0, −1%)	0.63%
[−1%, −2%)	0.62%
[−2%, −3%)	0.74%
[−3%, −4%)	0.88%
[−4%, −5%)	0.98%
−5%以下	2.67%

近七日是否由亏转盈与赎回用户占比的关系

近七日是否由亏转盈	赎回客户占比
否	0.89%
是	2.78%

17

一般投资者在什么行情选择买入？

当日跌幅较大、近一个月累计跌幅较大时买入最多。

我们也统计了天弘旗下所有指数基金在当日不同涨跌幅下，对应的买入人数，其中又包含了加仓用户和新用户。整体来说，产品的当日跌幅大于 5% 时，单只产品平均买入的用户最多，超过了 1.5 万人，其中 80.38% 为加仓用户；当近一个月累计跌幅超过 5% 时，在选择买入的用户里，更是有 83.16% 为加仓用户。也就是说，产品当日跌幅较大、近一个月累计跌幅较大时，买入的人数较多，尤其是老用户更敢于"抄底"。

数据还显示，产品在近一个月涨幅超过 5% 时，也有较多用户选择买入，单只产品平均买入用户数超过了 5000 人，其中新用户占比为 34.20%，为所有区间的最高值。可见，老用户不太"追高"，新用户更易在高点入场。

当日涨跌幅和用户买入的关系

当日涨跌幅	加仓用户占比	当日涨跌幅	加仓用户占比
5%以上	47.66%	[0，-1%)	75.97%
(4%，5%]	66.41%	[-1%，-2%)	81.44%
(3%，4%]	62.17%	[-2%，-3%)	82.54%
(2%，3%]	62.28%	[-3%，-4%)	83.44%
(1%，2%]	66.68%	[-4%，-5%)	83.76%
(0，1%]	67.52%	-5%以下	80.38%

近1个月涨跌幅和用户买入的关系

近1个月涨跌幅	加仓用户占比	近1个月涨跌幅	加仓用户占比
5%以上	65.80%	[0，-1%)	77.01%
(4%，5%]	69.26%	[-1%，-2%)	76.76%
(3%，4%]	72.49%	[-2%，-3%)	79.93%
(2%，3%]	76.55%	[-3%，-4%)	80.51%
(1%，2%]	76.13%	[-4%，-5%)	82.17%
(0，1%]	77.61%	-5%以下	83.16%

18

止盈或止损后如果基金继续上涨,投资者还会再次买入吗?

止盈用户更倾向于再次买入,期待下一波上涨行情。

用户止盈清仓后，行情上涨和下跌时的复购率差异并不明显，1个月内上涨时复购率为10.86%，3个月内上涨时复购率为11.06%，6个月内上涨时复购率为13.40%。而清仓时正收益的用户相对于清仓时负收益的用户，更倾向于在上涨时复购。可见过去的收益体验对用户复购是非常重要的影响因素，止盈用户更期待把握下一波上涨行情。另外我们发现，在用户清仓后6个月左右，用户复购率明显上升，这表明清仓用户更倾向于在半年后重新买入。

清仓用户复购率

	1个月内上涨时复购率	1个月内下跌时复购率	3个月内上涨时复购率	3个月内下跌时复购率	6个月内上涨时复购率	6个月内下跌时复购率
清仓时正收益	10.86%	8.54%	11.06%	11.45%	13.40%	11.45%
清仓时负收益	5.68%	3.09%	8.15%	4.09%	10.19%	4.82%

19

天弘用户都在定投什么指数基金?

天弘用户最爱定投的指数基金:天弘中证食品饮料 ETF 联接、天弘沪深 300ETF 联接、天弘国证港股通 50。

用户喜爱定投的指数基金有天弘中证食品饮料ETF联接、天弘沪深300ETF联接、天弘国证港股通50、天弘中证500指数增强、天弘创业板ETF联接等宽基和主题指数基金，特别是天弘中证食品饮料ETF联接，有56.03%的用户都以定投方式投资过。

另外，国际指数基金（QDII）也得到了定投用户的偏爱，天弘标普500和天弘越南市场这两个产品的定投用户的渗透率分别高达43.46%和43.02%。普通用户对于国外市场行情较难把握，不知何时是加入的好时点，采取定投方式分散行情大起大落的风险，有望分享国外经济上涨的红利。

用户喜爱定投的产品前十名

产品名称	类型	定投用户比例
天弘中证食品饮料ETF联接	主题	56.03%
天弘沪深300ETF联接	宽基	45.25%
天弘国证港股通50	宽基	44.62%
天弘中证500指数增强	宽基	44.24%
天弘创业板ETF联接	宽基	43.66%
天弘标普500	QDII	43.46%
天弘越南市场	QDII	43.02%
天弘中证光伏产业	主题	41.78%
天弘上证50	宽基	40.18%
天弘中证全指证券公司ETF联接	主题	39.65%

注：数据截止日期为2022年8月31日。定投用户比例的数据口径：指数基金（不包含ETF）主动申购的且曾经最大保有金额大于1000元的个人用户中发生定投交易的用户占比。

20

定投是不是越长越好?

弱市定投五年收益率更优,但定投需要结合止盈策略。

我们选取天弘指数基金中成立满五年的全部产品，定投时间区间为 2019 年至 2022 年 8 月 31 日，以对比不同定投时长下的测算收益率。测算数据显示，定投一年、两年、三年、五年的年化收益率分别为 –17.13%、–12.37%、–3.61%、3.48%。定投五年年化收益率高于定投一年、二年、三年的年化收益率。

而如果是截止到 2021 年 6 月 30 日，定投一年、两年、三年、五年的年化收益率分别为 13.19%、23.93%、24.37%、16.02%，定投 2~3 年的年化收益率较高。

可以看出，定投时间长短不能一概而论，需考虑定投期间市场行情。2021 年市场行情较好，之前定投的用户，定投 2~3 年便可获得不错的收益。但是站在 2022 年这个时点上，市场相对处于低位，定投用户如果一直没有卖出，要实现盈利的时间则要长一些，定投五年的收益较高。但目前的市场低位是开启新一轮定投的好时机，用户可以在长期定投的基础上，结合市场周期适当止盈，再开启新一轮定投周期。

指数基金不同定投周期收益测算(截至2022年8月31日)

产品名称	定投一年年化收益率	定投两年年化收益率	定投三年年化收益率	定投五年年化收益率
天弘中证500ETF联接	−11.75%	−3.85%	2.71%	5.16%
天弘沪深300ETF联接	−15.53%	−12.33%	−3.96%	2.10%
天弘中证500指数增强	−13.21%	−3.84%	6.66%	11.04%
天弘中证医药100	−21.37%	−18.57%	−9.15%	0.02%
天弘中证证券保险	−16.48%	14.84%	−9.51%	2.49%
天弘中证银行ETF联接	−14.51%	−8.94%	−4.32%	−0.54%
天弘创业板ETF联接	−17.75%	−11.01%	1.28%	9.06%
天弘上证50	−14.38%	−12.58%	−5.47%	1.00%
天弘中证800	−14.48%	−10.24%	−1.15%	5.03%
天弘中证电子ETF联接	−27.37%	−18.95%	−8.57%	2.64%
天弘中证食品饮料ETF联接	−7.11%	−8.27%	5.93%	15.69%
天弘中证计算机主题ETF联接	−31.66%	−24.97%	−17.79%	−7.00%
平均值	−17.13%	−12.37%	−3.61%	3.48%

注:数据截止日期为2022年8月31日。定投周期为月定投每月10日,分红方式为现金分红,申购费率默认为1%,定投年化收益率=XIRR(定投金额,定投日期),数据来源于WIND。本数据仅用于揭示定投时间长短对业绩的影响,仅供参考,不代表全部的定投收益率表现,以及具体基金业绩的未来表现。

指数基金不同定投周期收益测算（截至2021年6月30日）

产品名称	定投一年年化收益率	定投两年年化收益率	定投三年年化收益率	定投五年年化收益率
天弘沪深300ETF联接	8.96%	19.57%	19.99%	14.10%
天弘中证500ETF联接	12.81%	20.19%	18.48%	9.34%
天弘上证50	1.91%	13.09%	15.49%	13.12%
天弘中证医药100	9.91%	25.55%	26.16%	16.52%
天弘中证证券保险	-13.97%	1.54%	8.02%	6.51%
天弘中证500指数增强	28.79%	37.71%	32.83%	20.23%
天弘中证800	11.31%	24.01%	24.09%	16.34%
天弘创业板ETF联接	42.68%	48.30%	42.60%	23.83%
天弘中证银行ETF联接	8.82%	8.97%	9.22%	7.57%
天弘中证电子ETF联接	22.04%	31.55%	33.82%	20.57%
天弘中证计算机主题ETF联接	4.04%	11.36%	15.88%	10.32%
天弘中证食品饮料ETF联接	21.00%	45.30%	45.91%	33.81%
平均值	13.19%	23.93%	24.37%	16.02%

注：数据截止日期为2021年6月30日。定投周期为月定投每月10日，分红方式为现金分红，申购费率默认为1%，定投年化收益率=XIRR(定投金额，定投日期)，数据来源于WIND。本数据仅用于揭示定投时间长短对业绩的影响，仅供参考，不代表全部的定投收益率表现，以及具体基金业绩的未来表现。

21

月定投、双周定投、周定投怎么选?

周期相对拉长一些,有更大概率获取较高收益。

在定投周期选择上，很多用户关心采用月定投、双周定投、周定投哪种方式更好，我们对天弘指数基金跟踪，且存在收盘价的46只指数基金进行测算。从定投周期来看，46只指数基金中，有36只指数基金采取月定投方式收益率更高，只有10只是双周定投收益率高，而周定投胜出数量为0，可见采用月定投的方式更为有利。实操中，月定投也是用户选择最为普遍的定投方式。定投的核心价值之一是降低整体投资成本，周期相对拉长一些，定投效果优于过于频繁的调仓。

指数基金不同定投周期下的收益表现

定投频率	胜出指数数量	占比
周定投	0	0
双周定投	10	22%
月定投	36	78%

注：选取46只指数基金，从2019年1月1日至2022年8月31日之间按照周定投、双周定投、月定投方式进行交易，计算46只指数基金中三种定投方式胜出（收益率高）的指数基金数量，计算百分比。本数据仅用于揭示定投时间长短对业绩的影响，仅供参考，不代表全部的定投收益率表现，以及具体基金业绩的未来表现。

22

都说投资存在二八现象，如何操作才能盈利？

买基金并且持有大于三年，更有助于投资赚钱。

都说投资存在二八现象，20%的用户赚钱，80%的用户亏钱，也有说投资股市七亏二平一赚，真的是这样吗？我们先看一下股票市场的数据，从全市场股票盈利产品占比来看，一年、两年、三年周期，盈利产品占比分别为33.55%、34.55%、53.50%，基本上盈亏是六四开。但注意，这只是年度平均数，而用户买股票的真实体验是，涨得多的股票可能涨了好几倍，而用户因为恐高，并没有获取上涨全段的收益，只赚了其中一小段；亏损的股票则可能跌了很多，因为用户舍不得割肉，导致整个持仓的收益变负。股市盈利产品本来占比就不高，再加上用户的非理性操作，二八现象也就由此产生了。

那么买基金呢？让专业机构打理，会不会好一些？从全市场基金盈利产品占比来看，一年、两年、三年周期，盈利产品占比分别为6.63%、31.75%、85.13%，可见随着投资基金的时间拉长，投资基金的盈利概率有显著提升。以三年期为基准，基金盈利产品占比相较于股票盈利产品占比高出了 31.63 个百分点，收益中位数也高出了 31.23 个百分点！

可见，选择基金产品并长期持有，盈利概率与盈利水平都显著高于股票。对于基金而言，无论是基金经理主动选股，还是指数编制，还是配置债券、货币等中低风险的投资工具，都有多层保护在其中，因此整体盈利概率要大于股票。

不过，这只是基金的收益，用户买基金也会存在涨了拿不住、跌了舍不得割肉，从而影响收益的情况。要解决基金赚钱基民不赚钱的问题，就要从影响基民收益的核心因素出发，其中很重要的一点就是持有期。就如本章"12"部分介绍的，指数基金持有满三年，收益率会明显提升,且正收益概率明显提升至 80% 以上。

所以,大家想要成为那 20% 的赚钱用户,就要做到以下两步:第一步,得选对品种,选择买基金;第二步,需要长期持有,持有期在三年以上,这样赚钱的概率更高。

基金和股票盈利对比

指标	基金数量	收益中位数	盈利产品占比	股票数量	收益中位数	盈利产品占比
一年	1719	-13.40%	6.63%	4409	-12.26%	33.55%
二年	1219	-5.75%	31.75%	3985	-18.05%	34.55%
三年	908	28.68%	85.13%	3669	-2.55%	53.50%

注:股票为所有 A 股上市公司,基金为所有指数基金。

指数基金投资新思维

第四章

机构、牛人、高净值用户是如何操作的？

机构投资者往往被大家认为是大单资金，或者聪明资金的代表，个人投资者中也有不少跑赢市场的"大牛"，他们的动向往往可以为个人投资者的操作提供借鉴。那么机构、牛人、高净值用户是如何操作的？我们一一揭晓。

23

专业机构操盘动向如何?

机构用户投资更稳健。

第四章 机构、牛人、高净值用户是如何操作的?

面对市场涨跌,机构和个人用户在投资方向上是一致的,但机构用户操盘更稳健,受行情影响较小。例如当日跌幅超过2%时,个人用户加仓率达到4.2%,显著高于当日涨幅为0~2%时的加仓率。个人用户更偏好在当日跌幅较大时加仓,而机构用户的加仓率相对平稳,单日出现不同涨跌幅时,加仓率差异不大,更多是看长期趋势。

不同涨跌幅下机构和个人用户投资加仓率差异

当日涨跌幅	个人加仓率	机构加仓率
2%以上	1.1%	1.3%
(1%, 2%]	0.8%	0.8%
(0, 1%]	0.8%	0.9%
(−1%, 0]	1.4%	1.1%
(−2%, −1%]	2.4%	1.4%
−2%以下	4.2%	2.4%

24

牛人有哪些赚钱秘籍?

持有时间更长、操作更灵活、较少追涨杀跌。

第四章 机构、牛人、高净值用户是如何操作的?

在民间有不少投资高手,我们关注了 2021 年和 2022 年在全部用户中收益率都排名前 20% 的牛人,并探究了他们的赚钱秘籍。

牛人对基金的平均持有期为 345 天,而其他用户对基金的平均持有期为 138 天,牛人对基金的持有时间显著更长。

不同类型用户对基金的平均持有期

用户类型	持有期
牛人	345天
其他	138天

注:牛人是指 2021 年和 2022 年在全部用户中收益率都排名前 20% 的用户。

牛人似乎更容易在当日上涨时买入，但如果我们拉长时间来看，统计过去10个交易日有6天以上都出现1%以上涨幅的买入数据，会发现牛人的追涨比例其实更低。同时无论从这二者哪个维度来看，牛人都更少杀跌。

另外，牛人在每个投资周期内，平均申购30次，平均赎回4次；其他用户平均申购15次，平均赎回3次，可见牛人操作更灵活，他们会更多地根据市场行情来加减仓。2021年以来，市场轮动较快，震荡市中适当灵活操作更有利于盈利。

总体来说，牛人的交易行为表现为基金持有时间更长、操作更灵活、较少追涨杀跌，这三条可以说是牛人赚钱的秘籍。

第四章 机构、牛人、高净值用户是如何操作的？

不同类型用户的追涨杀跌的行为特征（单日维度）

用户类型	单日维度追涨占比	单日维度杀跌占比①
牛人	39.1%	24%
其他	37.2%	28%

不同类型用户的追涨杀跌的行为特征（十日维度）

用户类型	十日维度追涨占比	十日维度杀跌占比②
牛人	2.7%	0.6%
其他	2.9%	1.7%

注：①单日维度追涨：当日上涨时买入；当日维度杀跌：当日下跌时卖出。

②十日维度追涨：10天内有6天以上出现1%以上的上涨时买入；十日维度杀跌：10天内有6天以上出现1%以上的下跌时卖出。

不同类型用户申赎行为特征

用户类型	每周期申购次数	每周期赎回次数
牛人	30次	4次
其他	15次	3次

25

牛人赚钱行为是否可持续?

有一定持续性,头部牛人在市场变化中仍能保持较高的收益。

牛人盈利是靠运气还是凭实力？带着这个问题，我们来看一组数据。2021年收益位于前10%的用户，有27%在2022年的收益依然位于前10%，有48%在2022年的收益位于前30%。可见，头部牛人的收益能保持一定的连续性，在市场变化的情况下，他们依然能保持相对较高的收益。

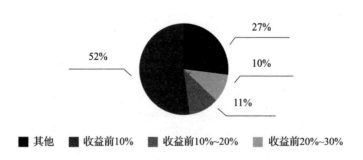

2021年收益前10%的用户在2022年的收益表现

26

百万元及以上高净值用户有没有收益率更高?

和其他用户相比,无显著差异,收益率高低主要取决于投资方式。

数据显示，持仓 100 万元以上的用户的平均收益率为 2.2%，人均盈利 6.3 万元，正收益用户占比为 67%。此区间的高净值用户的正收益占比并没有好于整体指数基金用户。

在投资这件事情上，钱多钱少对收益率的影响并不大，主要还是和用户对基金的持有期、买入卖出时机、是否定投分摊成本有关。钱少的用户由于不频繁操作，且持仓时间长，可能收益率更高；钱多的用户可能由于风险偏好较低，小赚即走，收益率也会不高。

第四章 机构、牛人、高净值用户是如何操作的?

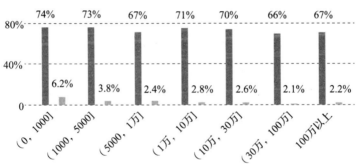

不同保有金额与收益率的关系

注：数据范围为2019—2021年清仓用户或截至2022年8月31日还持仓的用户。

27

高净值用户止盈止损能力会更好吗?

高净值用户操作更保守,倾向于小赚、小亏即撤。

几乎在各个资金量级里,用户都偏好在正收益时赎回,正收益赎回占比均高于64%,尤其是保有金额为0~1000元的用户。不过与普通用户相比,保有金额在百万元以上的高净值用户在收益为0~5%和-5%~0时赎回的占比较高,可见高净值用户更保守,倾向于"小赚即撤""小亏就跑",及时止损或止盈。因此,他们较难抓住持续的大涨行情,在收益率达到20%以上时赎回的比例明显低于保有金额低于10万元的用户。

不同保有金额用户在不同收益率下的赎回情况

保有金额	0~5%赎回	5%~10%赎回	10%~20%赎回	20%以上赎回	-5%~0赎回	-10%~-5%赎回	-20%~-10%赎回	-20%以下	正收益赎回占比
(0, 1000]	19%	15%	7%	33%	14%	7%	4%	1%	74%
(1000, 5000]	37%	17%	9%	5%	18%	8%	5%	1%	67%
(5000, 1万]	36%	18%	11%	6%	16%	8%	5%	1%	70%
(1万, 10万]	29%	16%	10%	18%	14%	7%	4%	1%	73%
(10万, 30万]	35%	18%	11%	6%	16%	8%	5%	1%	71%
(30万, 100万]	35%	16%	9%	5%	18%	9%	5%	1%	66%
100万以上	33%	17%	11%	5%	17%	9%	5%	1%	67%

注：数据范围为 2019 年 1 月 1 日至 2022 年 8 月 31 日清仓用户。

第五章

如何应对不同市场环境?

28

不同市场环境是否要调整投资策略?

需要,不同投资策略之间的切换可以获得超额收益。

第五章 如何应对不同市场环境？

投资的目标是在承受更低风险的情况下获取更高的收益。在不同的市场环境中，机动地调整投资策略正是达成这一目标的重要手段。

过去几年，国内资本市场屡次出现比较大幅度的波动，例如2015年的股票和外汇市场大幅波动，2018年股票市场的单边下行，2020年席卷全球的公共卫生事件以及2022年初的俄乌冲突导致股市出现大幅波动。事后来看，在一个相对有限的持有时间内，依靠一成不变的投资策略很难提供持续稳定的回报，投资策略切换则可以为我们获得超额收益。例如2017年股强债弱，2018年债强股弱，如果投资组合中在2017年多配一些股票，在2018年多配一些债券，两年下来的累计收益率能跑赢大部分股票基金或者债券基金。

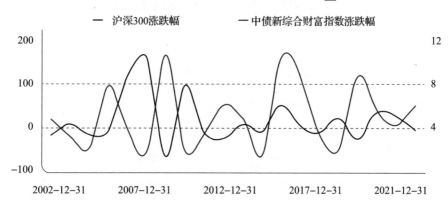

近20年股市和债市波动情况

29

经济周期与指数基金投资盈利水平有什么关系?

整体正相关。

无论股市还是债市的投资回报，本质上均来自于经济增长，而经济增长又分成两种形态。一种是长期增长，这取决于劳动力、资本和技术进步等因素；另一种是短期经济波动，主要来自于债务波动产生的经济周期。与此相应的投资也有两种模式，一种是基于长期经济增长来投资，有代表性的是巴菲特的价值投资；另一种是根据经济周期的不同状态来投资，例如美林投资时钟。

由于数十年投资年化收益率超过20%，巴菲特受到全球投资者的推崇，他却说自己中了彩票，因为他出生在美国，而美国的经济总量持续创出历史新高。从1960年到2021年，美国的实际GDP增长了40倍，折合年化涨幅为6.3%，同期美国道琼斯指数年化涨幅为6.8%，接近其GDP的增速。

在过去的10年，我国的资产价格表现与经济名义增长已经大致接轨。从 2011 年到 2021 年，我国的年均 GDP 名义增速约为 8.9%（按照每年国内生产总值现价计算），同期沪深 300 指数和新房价格的年均涨幅均为 8% 左右。随着我国经济动能持续释放，用户参与指数基金投资可分享我国经济增长的红利。

2011年以来沪深300指数走势与GDP总额增长趋势

30

震荡市该不该买指数基金？

可以买，指数基金长期跑赢市场。

第五章 如何应对不同市场环境？

近年来，全球范围的"黑天鹅"事件频发，证券市场像过山车一样，对于没有足够时间盯盘、没有足够专业知识的普通投资者来说，如何投资更好呢？这里又要提到"股神"巴菲特。巴菲特曾经不止一次推荐指数基金，称这是最适合普通人的投资品。

2005年，巴菲特公开提出一个赌约，赌标普500指数基金的业绩能跑赢任意5只以上主动型基金组合的业绩。2008年，有一名职业投资经理人——泰德·西德斯回应巴菲特的挑战，挑选了五只FOF基金（基金中的基金）与巴菲特选择的Vanguard S&P（先锋标普）指数基金进行对比，这五只基金把资金投资到了100多只对冲基金内。十年后，五只FOF基金最终收益率分别为21.7%、42.3%、87.7%、2.8%和27.0%，而同期巴菲特选中的指数基金收益率为125.8%，指数基金完胜。

事实上，已经有不少投资者选择在震荡市投资指数基金，因为它反人性、活得久、长期向上，是投资者抓住市场上行的有效工具。

泰德·西德斯与巴菲特挑选的基金收益率对比

年度	FOF基金A	FOF基金B	FOF基金C	FOF基金D	FOF基金E	标普指数基金
2008	−16.5%	−22.3%	−21.3%	−29.3%	−30.1%	−37.0%
2009	11.3%	14.5%	21.4%	16.5%	16.8%	26.6%
2010	5.9%	6.8%	13.3%	4.9%	11.9%	15.1%
2011	−6.3%	−1.3%	5.9%	−6.3%	−2.8%	2.1%
2012	3.4%	9.6%	5.7%	6.2%	9.1%	16.0%
2013	10.5%	15.2%	8.8%	14.2%	14.4%	32.3%
2014	4.7%	4.0%	18.9%	0.7%	−2.1%	13.6%
2015	1.6%	2.5%	5.4%	1.4%	−5.0%	1.4%
2016	−3.2%	1.9%	−1.7%	2.5%	4.4%	11.9%
2017	12.2%	10.6%	15.6%	N/A	18.0%	21.8%
最终收益率	21.7%	42.3%	87.7%	2.8%	27.0%	125.8%

31

低迷行情下有什么投资建议?

保持在场、低点加仓、定投参与、及时止盈止损。

从 2019 年初开始，反映沪深两市走势的沪深 300 指数在 2021 年 2 月达到高点，随后维持了一年的震荡走势，进入 2022 年则快速下跌并进入漫长的震荡期。把时间拉长到过去 20 年，沪深 300 指数上涨的时间段比例仅仅占到 1/4 左右，想要避开其余 3/4 的下跌时间段极具难度，对于一般投资者来说更是天方夜谭。

投资中，遭遇大跌难以避免，而一旦错过涨幅最高的那些交易日，对收益的影响却是非常致命的——一个自然年中大致有 250 个证券交易日，涨幅最大的 10 天仅占比 4%，看似不值一提，但若是在投资中，每年都错过涨幅最大的 10 天会收获怎样的投资结局呢？我们以沪深 300 指数为例，在 10 年的跨度里，错过 10 日最大涨幅是令人遗憾的——收益从 70.46% 降到了 -94.75%！因此，投资者应该做好股市长期低迷的准备——不必在底部退出,也不要激进冒险,而市场大涨时,"在场"很重要。

单日极端波动对收益率的影响

年度	日上涨概率	沪深300全收益	错过10日最大涨幅的收益
2010年	50.83%	−11.56%	−35.16%
2011年	47.95%	−24.08%	−42.13%
2012年	50.21%	9.82%	−22.75%
2013年	47.90%	−5.30%	−32.09%
2014年	54.29%	55.79%	11.35%
2015年	56.56%	7.16%	−35.67%
2016年	52.87%	−9.25%	−31.93%
2017年	58.06%	24.20%	6.72%
2018年	47.33%	−23.62%	−43.18%
2019年	52.87%	39.28%	−0.20%
2020年	52.87%	21.95%	−9.69%
11年总计	52.31%	70.46%	−94.75%

数据来源:Choice,2020年度统计截至11月17日。

进入2022年，A股再次经历了持续下跌。在此背景下，我们还想进一步弄清楚，弱市里究竟要怎么操作才能赚到钱？我们以史为鉴，找到了2018年在市场中期和长期均下跌⊖的环境下仍然赚钱的少数牛人。基于真实行为和收益结果，我们发现，弱市中提高收益率的关键在于以下三点。

（1）下跌时加仓，收益率明显高于不加仓

数据显示，在当日跌幅大于1%时选择加仓，相比不加仓的用户，平均持有收益率至少提高了3.9个百分点，一定程度上验证了加仓的魅力。

⊖ 长期趋势定义：60日均线高于120日均线，120日均线高于250日均线为长期上涨趋势；60日均线低于120日均线，120日均线低于250日均线为长期下跌趋势，其余为长期震荡趋势。中期趋势定义：30日均线高于60日均线，60日均线高于90日均线为中期上涨趋势；30日均线低于60日均线，60日均线低于90日均线为中期下跌趋势，其余为中期震荡趋势。

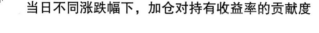

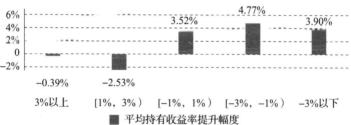

（2）亏损较大时避免割肉，盈利时及时落袋

我们还对比了在不同持有收益率下减仓与不减仓用户的最终收益率的情况。数据显示，在持有收益率低于-10%时减仓，较该收益率区间继续持有的用户，收益率低出至少6.5个百分点，尤其在持有收益率低于-20%时减仓，最终收益率更是低出了9.1%！可以看出，弱市之下一旦遭遇较大回撤，要避免割肉、静候反转。与此同时我们也得出另一个结论：弱市之下要注重落袋为安。历史

数据显示，在收益为正时选择减仓，最终收益率更优。

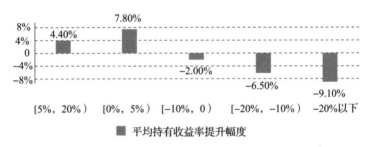

不同持有收益率下，减仓对持有收益率的贡献度

■ 平均持有收益率提升幅度

（3）耐心持有，等待市场环境变化

数据显示，在下跌趋势改变前清仓的用户，胜率只有45%，平均持仓收益率为−3%。对比之下，耐心等到趋势由跌转涨的用户，盈利情况大大提高，胜率达到72%，平均持仓收益率也达到了14%，他们的平均持有

期也更长，为256天。所以，抄底最怕没"抄"全。在弱势行情下投资，要扛得过"岁月"，才能看得到"静好"。

弱市不同时点清仓用户的收益率情况

用户类型	数量	占比	胜率	持有收益率	持有收益率中位数	平均持有时长	持有时长中位数
弱市期间清仓	20万	59%	45%	-3%	-1%	25天	16天
弱市结束后清仓	14万	41%	72%	14%	7%	256天	164天

其中，定投策略可以说是帮助用户度过漫漫低迷行情的有效投资策略，原因在于定投让用户在下跌过程中不断积累低成本筹码，等待一次规模性的反弹。这个反弹的高度甚至不需特别大，只要略有规模，便可使用户回到盈利状态。

32

基金公司集中大额自购时，是否是投资好时机？

一般是较好的投资时机，2015 年以来，基金公司单季度自购超 10 亿元时，下一季度市场上涨概率大。

第五章　如何应对不同市场环境？

2015年7月，为了稳定市场，中国证券金融股份有限公司借助公募基金进行市场操作，斥资2000亿元分别购买招商丰庆、南方消费活力、易方达瑞惠、华夏新经济、嘉实新机遇五只基金，每只基金400亿份额，它们也被市场称为"救市基金"。五只"救市基金"运作满三年后合计赚取233.08亿元，并在2018年开始退出时全部处于盈利状态，可以说出色地完成了历史任务。

那么，自购资金实现盈利是偶然吗？能持续吗？为了回答这个问题，我们想知道历次基金公司大额自购后的市场走势。

我们统计了自2014年第一季度至2022年第二季度基金公司单季度自购权益类产品超过10亿元的情况，发现在自购的下一个季度，一般沪深300指数会上涨，典型的如2015年第三季度、2020年第一季度，基金公司自购金额分别为10.61亿元、18.52亿元,下一季度沪深300指数涨幅分别为16.49%、12.96%,可见基金公司自购具有一定的领先性。而2021年第四季度是个例外,主要与下一季度预期外的新冠疫情暴发有关。我们也看到,在接下来的2022年第一季度,基金公司大幅增加自购金额后,后续仍收获了上涨行情。

基金公司单季度超10亿元净申购与下一季度市场走势

时间	申购次数	参与公司数	净申购规模（亿元）	下一季度沪深300指数涨跌幅
2015年第三季度	99	40	10.61	16.49%
2020年第一季度	381	76	18.52	12.96%
2021年第一季度	422	77	10.70	3.48%
2021年第三季度	415	85	10.96	1.52%
2021年第四季度	450	84	12.42	−14.53%
2022年第一季度	463	83	26.07	6.21%

第五章　如何应对不同市场环境？

　　2022年，市场持续震荡。天弘基金继2020年出资5亿元（含全资子公司）申购旗下偏股型基金后，2022年3月17日，天弘基金再次发布公告，运用固有资金1亿元申购旗下偏股型公募基金，并承诺持有时间不少于1年。值得一提的是，此前天弘基金2020年自购的基金在经过市场的起起伏伏后，截至2022年8月31日仍保持着正收益。从全市场来看，2022年基金公司权益类基金自购金额累计已超过30亿元，覆盖超过128只权益类基金。

　　整体而言，中国证券金融股份有限公司借助公募基金稳定市场，或者基金公司自发大额自购，一般都是在市场处于低迷之时，这确实是较好的投资时机。也提示普通投资者在市场极为低迷之时，至少不要杀跌割肉，耐得住弱市的寂寞或许才能享受到牛市的繁华。

33

持仓跌 20% 时,该如何操作?

拒绝"躺平",开启自救定投。

第五章 如何应对不同市场环境？

当市场行情较差时，用户往往会更加关注自己的投资，如果进入亏损阶段，应该怎么办？我们以国证生物医药指数回测：假如，一开始购买了生物医药基金，随着市场的下跌，现在持仓1万元，亏损达到20%。若是选择"躺平"，半年内回本的概率为28.05%，要一直等到三年以后回本概率才达到65.61%。如若开启普通定投，即每月定投2000元，半年内回本概率就有55.37%，三年内回本概率高达89.02%！

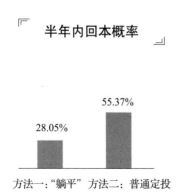
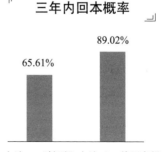

如果在开启定投的同时追加一笔"筑底资金",我们称之为"定投 Plus",例如在低点时一次性投入"筑底资金"5000 元或 10000 元,那么相较于普通定投,回本天数中位数能从 146 天缩短到 112 或 124 天。可见"定投 Plus"的确能大大缩短回本时间,可以比普通定投平均缩短 22~34 天!

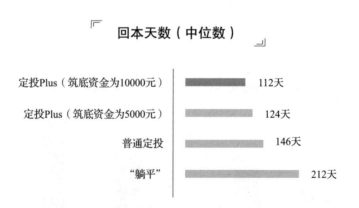

注:定投业绩模拟用于了解定投方式带来的不同收益率表现,仅供参考,不代表定投具体基金一定回本以及回本时间。

34

涨 20% 了,该卖了吗?

至少可以战胜大部分用户,可以逐步减仓。

据统计，天弘指数产品用户中，持仓收益率曾达20%的用户数超过千万人，但遗憾的是，这些用户最终有67%都没有赚到20%的收益率，其中还有将近18%亏损。因此在获得20%收益率的情况下落袋为安是比较稳妥的选择，如果非常看好想继续持有，可以减仓一部分，获得部分确定性的收益。

收益率达到过20%的用户赎回收益率/当前收益率情况

持仓期内收益率达到过20%的用户赎回收益率/当前收益率	用户数量（万人）	占比
0%以下	187	18%
[0%，10%)	292	28%
[10%，20%)	213	21%
[20%，30%)	148	14%
[30%，40%)	94	9%
40%以上	96	9%

第六章

五大误区和五大法宝

35

投资指数基金有哪些误区?

追涨杀跌、频繁操作、深度割肉、过早止盈、持仓单一。

第六章 五大误区和五大法宝

用户在投资中常常纠结于各种后悔行为，买少了、买多了、买早了、买晚了、买错了、卖早了、卖晚了……而真正的理性投资，并非无章法可循。根据本书的数据统计和分析，我们总结出指数基金投资行为的五大误区。

误区一：追涨杀跌

前面提到，近年来有大量用户在市场上行趋势中买入。历史数据显示，近10个交易日中有6~7个交易日涨幅为1%以上时，日平均买入用户数明显提升，尤其是近10个交易日累计涨幅超过10%时，日平均买入用户数更高。而近10个交易日中有8天涨幅为1%以上时，买入的新用户占比达60%，可见新用户更易在高点入场。在赎回方面，用户也容易在下行趋势下杀跌。

追涨杀跌问题尤其显现在行业和主题指数基金的投资上，例如食品饮料、电子、医药等相关指数基金。这类基金很多弹性较大，涨跌较快，如果用户追涨杀跌，很容易造成指数涨幅非常大，但用户不赚钱或赚得少，甚至陷入深度被套的窘境（见"05 指数涨幅越高，用户赚钱也越多吗？"）。例如食品饮料指数在 2019 年初至 2022 年 8 月 31 日的区间涨幅达 114.98%，但用户平均收益率仅为 0.8%。其实我们投资行业或主题指数基金，应该基于一定的行业研究，并愿意中长期持有，分享行业发展的红利，而不是只被短期行情上涨而吸引，一把"梭哈"，或者一旦被套就清仓离场。

误区二：频繁操作

数据显示，高频交易用户的平均收益率为 3.2%，而低频交易用户的收益率为 5.7%，在投资这件事情上，交易越频繁,赚得越少。基金是用来中长期投资的,不能当股票炒,频繁操作不但会增加用户持基成本,还容易因为"反复横跳"错过行情。另外值得一提的是,如果持有时间小于 7 天,卖出时将被收取 1.5% 的"惩罚性"赎回费,这也提示我们切勿过于频繁操作。

误区三:深度割肉

我们难过地看到,在清仓用户中有部分用户是在亏损 20% 以上时清仓离场的,他们离开时一定带着伤心和抱怨的情绪。可是根据历史数据,如果他们再坚持 90 天即可回本,坚持 158 天收益率可达 10%,如果当时没有清仓,而是选择等额加仓,则 52 天可回本,75 天收益率可达 10%。

用户持仓跌 20% 以上时,往往是市场情绪非常差的时候了，此时深度割肉是非常不明智的行为。虽然止损需要设置止损目标，但如果基本面和市场没发生太大变化时，设置10%左右的止损线即可，例如许多机构用户的止损线为5%，有些个人用户也可以根据自身风险承受能将止损线设到15%，而当亏损达到20%以上时建议不要深亏割肉。

误区四：过早止盈

在对行业或者宽基长期看好的前提下，用户可以设置一定的止盈目标，以免因情绪化导致过早止盈。很多投资者认为涨多必跌，一看创新高便望而却步。实际上，市场风格切换需要时间，投资者可结合当时市场情况与自身投资目标灵活调整。从历史数据来看，持仓收益率在5%以内清仓的用户，其卖出的基金53.29%在6个月内出现上涨，平均上涨了13.59%。

误区五：持仓单一

做投资不能忽视资产配置，鸡蛋不要放在同一个篮子里，投资指数基金也需要通过资产配置，再次分散风险。从数据看，25%的用户对指数基金的认知从沪深300指数基金开始，并且始终有且只持有这一只基金，还有一些用户因为结构性行情，养成了只重仓一只指数基金的习惯，64%的用户仅交易过一只天弘指数基金。A股市场各宽基、行业都存在显著的板块轮动，只买单一行业指数基金或者宽基指数基金，很容易押不对方向，错过板块轮动的投资机会，因此普通投资者可适当丰富自己的持仓品种。

36

投资指数基金有哪些法宝?

长期持有、交叉购买、下跌敢于加仓、减少追涨杀跌、学会止盈止损。

第六章 五大误区和五大法宝

为了帮助投资者尽量避开误区,以史为鉴、以人为鉴,获得更好的投资收益,我们也总结了投资指数基金的五大法宝。

法宝一:长期持有,至少3年

历史数据表明,截至2022年8月31日,由于过去两年的市场行情较差,指数基金持有期在三年以内的用户,平均收益率为负;而持有期在3~5年的用户,平均收益率达到了17.6%。截至2021年6月30日,持有期在两年以内的用户,平均收益率在1.2%~3.0%;持有期在2~3年的用户,平均收益率为12.8%,正收益用户占比为78.5%;持有期在3~5年的用户,平均收益率为32.9%,正收益用户占比为95.8%。可以看出,持有指数基金满三年,平均收益率会明显提升,并且行情不好时可以选择适当延长持有期。

——结论取自"12 长期投资能不能赚钱？多久算长期？"

法宝二：交叉购买

近三年来，用户平均持有指数基金的数量在逐年增加，2021 年用户平均持有天弘指数基金产品已达 2.5 只。此外值得注意的是，2022 年年初至 2022 年 8 月 31 日收益率在 30% 以上、非货币产品持有金额在 1 万元以上的高收益用户平均持有 4.1 只指数基金产品，显著高于整体用户平均持有数量。可见交叉购买不同指数基金产品也是用户理财进阶成熟的表现之一。

——结论取自"08 大家平均会持有多少只指数基金？"

法宝三：下跌敢于加仓

历史数据表明，当日跌幅大于5%时，选择买入的用户更多，超过了1.5万人，其中80.38%为加仓用户。可见用户往往能抓住单日低点机会。弱市下的投资收益率数据也验证了加仓效果：在当日跌幅大于1%时选择加仓，相比不加仓的用户，平均持有收益率至少提高了3.5个百分点。不过值得注意的是，自2021年末至2022年4月的下行行情中，指数基金申购用户数明显下行，于4月13日达到阶段性低点，而当日上证指数点位处于区间较低点。投资往往是逆人性的，承受回撤虽然心理压力很大，但在已经下行到阶段低点时敢于加仓，能帮助用户实现收益提升。

——结论取自"15个人投资者都喜欢追涨杀跌吗？""17一般投资者在什么行情选择买入？""31低

迷行情下有什么投资建议？"

法宝四：减少追涨杀跌

根据我们的统计，牛人的交易行为表现为持有时间更长、操作更灵活、较少追涨杀跌。在过去10个交易日内有6天以上都出现1%以上涨幅时，牛人的追涨占比为2.7%，其他用户的追涨占比为2.9%，同样维度下，牛人杀跌占比较其他用户低1.1个百分点，牛人更少追涨杀跌。总结来说，这三条就是牛人赚钱的秘诀。

——结论取自"24 牛人有哪些赚钱秘籍？"

法宝五：学会止盈止损

保有金额越高的用户，其投资经验相对也越丰富，他们对市场更有自己明确的判断，操作也更果断，建仓和清仓次数明显更高。过去几年牛市行情里，拥有过收益率超 20%"高光时刻"的投资者并不少，但如果不及时止盈，收益率可能会随着市场下行而快速降低。就像行驶在路上的汽车也需要停车一样，在投资的路上也要学会适时"停车"——<u>止盈止损</u>，然后再开启一轮新的投资旅程。很多平台上都有较好的自动止盈工具可供选择，例如支付宝上的目标投就是一款设定目标、每周自动投、达标自动卖的产品。

——结论取自 "07 不同保有金额的投资者，在投资上有什么不同的行为趋势？" "34 涨 20% 了，该卖了吗？"

第七章

指数基金发展前景如何?

37

国际指数基金发展现状如何？

资产管理规模迅速扩张，市场权重大幅提升，尤其是ETF发展最快，广泛受到投资者青睐。

第七章 指数基金发展前景如何?

1976年,全球第一只面向公众的指数基金诞生在美国。彼时,高歌猛进的"漂亮50"行情已行过巅峰,市场持续萎靡,对于一度飙升至5%的基金申购/赎回费,投资者不再买账。更关键的是,熊市来临,人们冷静下来才发现,1945—1975年,标普500指数的年化收益率为11.3%,明显高于同期主动型基金9.7%的年化收益率。而全球首只指数基金——先锋标普500指数基金,以复制、追踪标普500指数为架构,一开始就把降成本、低费率、获取市场平均收益作为主要卖点。或许谁都没有料到,多年后它会成为全球指数基金之首。

其实,指数基金刚诞生时,客户并不看好,由于它只追求获取市场平均收益,被许多大基金公司视作平庸产品,它们认为,"我们的客户并不普通",其有能力战胜市场平均水平。全球第一只指数基金也经历过几年遇冷、规模停滞不前的状况。直到20世纪90年代的大牛市里，指数基金才真正发展起来。1994—1998年，标普500指数基金连续跑赢绝大部分股票基金，尤其在1997年，标普500指数基金大涨31%，跑赢了95%以上的股票基金。这时候，指数化投资策略的优势展露无遗，指数基金这才声名鹊起，在全球范围内开启了"大航海时代"。

经历过2008年金融危机后，近年来，指数基金在全球范围内高速发展，由于其管理运作费率较低，复制指数走势操作较简便等优点，规模迅速扩张，在全球范围内尽管目前主动基金仍为主流，但其市场份额在近10年间不断被被动产品抢占。例如2010—2019年，美国指数基金和指数型股票ETF规模增长1.8万亿美元，同期主动型股票基金规模几乎等量减少。到2021年，美国投资公司协会（ICI）研究显示，被动型指数基金占到美股市值的16%，首次超过主动型基金的占比，实现了历史性的跨越。

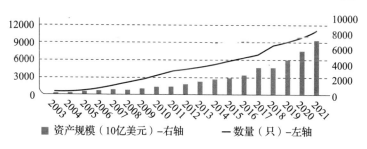

资料来源：ETFGI，信达证券研发中心。

在指数基金中，ETF发展最快，广泛受到投资者的青睐。研究公司ETFGI的统计数据显示，自2003年至2021年11月，全球ETF总数量从291只增加至8428只，资产规模从2120亿美元增长至9.68万亿美元。

截至2021年底，美国市场上2570只ETF的合计资产规模约为7.2万亿美元。在美国资本市场，尽管目前主动产品仍为主流,但其市场份额近 10 年来不断被被动产品抢占。共同基金和 ETF 中的被动产品权重已由 2011 年的 20% 升至 2021 年的 43%。这主要是因为在美国,主动权益基金难以跑赢宽基,超额收益趋零。按管理风格划分,与我国行业主题 ETF 蓬勃发展的情况不同,美国更多的是宽基 ETF,行业主题 ETF 仅占 10%。

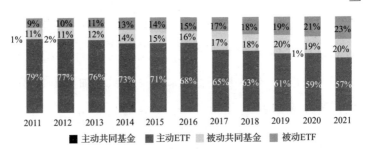

近十年美国共同基金和ETF产品结构(按管理风格划分)

注:主动 ETF 在 2011 年、2012 年、2020 年的占比分别为 1%、2%、1%,其他年份的占比都不到 1%,所以在图上不易看出来。

38

国内指数基金发展现状如何？

2019年开始呈爆发式增长，2022年上半年权益指数基金整体净申购超1100亿元。

2002年11月，国内第一只指数基金——华安上证180指数增强基金（后转型为华安中国A股增强指数基金）诞生，当时产品选型是增强指数，即在复制指数的基础上，再做一些基金经理的主动选股策略。2003年3月，天同上证180指数基金（后更名为万家180上证指数基金）上市，是国内第一只全复制指数基金。2004年底，国内第一只ETF——华夏上证50ETF诞生，是在交易所上市的交易型开放式指数基金。

随着指数基金在国内的本土化探索不断深入，指数的独立规范运作成为必然诉求，组建专业的指数服务公司已水到渠成。2005年，由上海证券交易所和深圳证券交易所共同出资发起设立了中证指数有限公司，前期由沪深交易所共同编制发布的沪深300指数也移交中证指数公司管理，该指数成了国内第一只股指期货标的，也是目前国内发行指数基金最多的标的指数。

2009年6月,中国证监会发布了《交易型开放式指数证券投资基金(ETF)联接基金审核指引》,同年8月,两只ETF联接基金获批成立。ETF联接基金的获批在一定程度上提高了ETF的流动性。

此后几年中,各类型指数基金纷纷登场。2009年,国内首只指数分级基金——国投瑞银瑞沪深300指数分级成立。2010年,国内首只QDII指数基金——国泰纳斯达克100指数(QDII)成立,指数基金配置走向国际化。随着指数化投资实践的深入,技术进步逐步解决了跨市场指数基金运作的难题。2012年华泰柏瑞沪深300ETF和嘉实沪深300ETF成立,成为国内首批跨市场ETF,突破了交易所排他性限制,并成为融资融券标的。2013年,国内首只债券型ETF——国泰上证5年期国债ETF

成立。2016 年，国内首只跨境投资产品——华夏沪港通上证 50AH 优选指数成立，为同时配置境内和香港股票提供了指数化投资工具。

在国内，指数基金的发展也不是一帆风顺的，2009 年之后，虽然各类型基金层出不穷，但指数基金市场又进入了一个比较缓慢的发展期，一些人开始质疑指数基金在国内能否发展起来。但是国内仍有一些机构在坚持深耕指数业务领域，例如天弘基金 2015 年一口气发行了 19 只标准化指数基金，该系列涵盖宽基、行业、主题、策略等多方面，在整个市场制造了不小的轰动。2018 年天弘基金举办指数基金国际研讨会，2019 年举办国民 ETF 指数战略发布会，持续开展指数基金的行业投教。

2018 年 A 股市场剧烈调整导致偏股类公募基金业绩

惨淡,基金发行市场频现募集失败案例,但与此相对,指数基金的份额却出现逆势增长,成为"爆款基金"。尤其是在ETF产品中,有一种类型另辟蹊径,那便是央企结构调整ETF,三只央企结构调整ETF于当年10月底陆续成立,合计募集规模超过480亿元。三只产品利用ETF发行阶段可以使用股票换购的特征,满足国有资本流动性管理的需要,基金公司也借机做大规模,实现双赢,在ETF竞争白热化的时期,这三只ETF为基金公司做大ETF提供了一个很好的样本,打开了想象空间。

2019年后,指数基金终于迎来了大发展时代。2018年底,我国指数基金528只,规模刚过400亿元。而截至2022年8月31日,全市场共有1600只指数基金产品,合计规模超过2.1万亿元,占公募非货币基金产品总规模的 15%。其中，权益指数基金产品共有 1494 只，合计规模 2.01 万亿元。

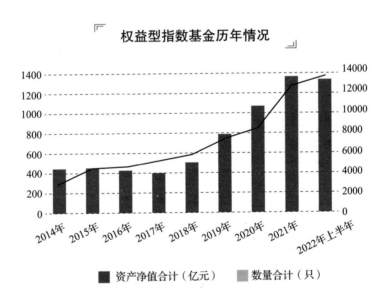

从我国指数基金的发展历程看，起步于 2002 年底，

经历16年的发展,直到2018年底,指数基金只数还不到2022年8月底的1/3。从2019年开始,短短4年,指数基金迎来大发展,产品数量、资产管理规模和客户数量均取得了爆发式增长。

按照指数分类,我们可将股票型指数基金分为规模指数、行业指数、主题指数、策略指数和跨境及其他五类,其中,宽基和行业主题类产品的数量和种类都大幅增加,基金规模也随之增长,成为驱动指数市场蓬勃发展的主要动力。跟踪上证50、沪深300、中证500、中证1000等规模指数的指数基金产品规模和交易额约占市场的50%,跟踪行业指数的指数基金产品规模和交易额约占市场的40%。

具体到2022年来看,权益市场下挫使得被动权益基金上半年的净值下降1600多亿元,其中证券、5G、芯片等行业主题基金和基数较大的宽基类基金净值下跌较多。由于市场的波动，出于"抄底"的心态，上半年权益指数基金整体净申购超 1100 亿元。其中，之前下跌较多的一些行业主题型基金如白酒、芯片等获得相对较多的净申购。

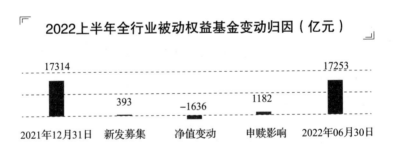

2022上半年全行业被动权益基金变动归因（亿元）

39

指数基金监管趋势和未来发展方向怎样?

政策助力做大做强、走出国门;预计将逐步向头部集中。

从指数基金的发展前景看,随着投资者对指数基金的认知不断提升,以及基金公司的强力布局,指数基金正在步入发展快车道。同时,率先入局的大型基金公司逐步占得先机,有望获得更大的市场份额。

截至2022年二季度末,全市场共有111家基金公司布局指数基金产品,指数基金管理规模超100亿元的基金公司有28家,管理规模超700亿元的基金公司只有10家。其中天弘的指数产品整体费率低于行业平均水平,同时产品线已实现了核心宽基、消费、制造、医药、科技、金融等核心行业以及细分主题赛道的全面覆盖。

从业内知名的指数基金产品看,华夏上证50ETF规模突破500亿元,华泰柏瑞沪深300ETF和南方中证500ETF的规模均突破400亿元,天弘中证光伏产业规模突破140亿元,天弘中证食品饮料ETF、天弘中证银行

ETF规模均突破70亿元，这些指数基金均已经成为所在公司的拳头产品。从行业发展现状看，不少知名的宽基指数已经被大型基金公司占得先机，消费、医药、新能源等主流指数基金也已被大型基金公司布局完毕，先发优势不断凸显。

2022年4月26日，证监会发布《关于加快推进公募基金行业高质量发展的意见》（以下简称《意见》），指出要"大力推进权益类基金发展，支持成熟指数型产品做大做强，加快推动ETF产品创新发展，不断提高权益类基金占比。有序拓展公募基金投资范围和投资策略，稳步推进金融衍生品投资。"顺应政策导向，借鉴海外成熟市场经验，权益指数产品创新大有可为。

《意见》还指出，要"支持符合条件的基金公司'走出去'，依法设立境外子公司，提升服务境外投资者及全球资产配置的能力。继续推动扩大QDII额度，拓宽公募基金海外市场投资渠道。"出于历史沿革以及本土投资习惯等原因，跨境ETF的发展一直显著弱于A股ETF。近年来，随着市场互联互通机制不断优化、投资者观念不断更新迭代，指数基金作为资产配置工具的价值进一步凸显，跨境ETF正在逐步崛起的通道中。

具体来看，跨境方向包括：1）直接投资于境外投资标的的产品，如投资越南等地的标的；2）通过互联互通机制间接投资于境外标的的产品，如投资韩国、新加坡等地的标的；3）更多区域投资的产品方向：一方面是提供更多国别产品，另一方面是拓展美国等成熟市场的行业主题。

另外，衍生品发展方向包括：1）商品期货ETF，进一步拓展商品期货ETF投资范围，如铜、铁矿石、生猪、工业硅、综合商品等；2）衍生品策略 ETF，主要包括备兑策略 ETF、保护性看跌期权策略 ETF 等。

值得一提的是，2022 年 11 月 4 日，《个人养老金实施办法》发布，指数化投资尤其是 ETF 将会成为养老金配置的重要选择，对公募行业的长期资金的引入意义深远。加上 ESG（环境、社会和公司治理）投资逐步成为市场共识，经济结构调整和产业转型升级迫在眉睫，这些均会为指数化投资拓展更大的发展空间。

40

指数基金可以怎么"玩"?

省心、简单清晰、分散风险、费用低廉,适用于多种玩法。

一般基金的投资寄希望于基金经理通过主观操作长期保持优异的业绩，而指数基金几乎不存在基金经理的主观操作，只是被动地跟踪指数，追求与指数涨跌保持一致，不需要过多操心，这是它最大的优点。指数基金的优势如下：

1）指数基金永不减仓，永远接近满仓，简单清晰，代表最真实指数表现。

2）无论市场风格怎么变化，指数基金永远跟踪那只它锚定的指数，风格稳定不漂移。

3）指数基金表现只和指数表现挂钩，基金经理能够影响的部分很小，因此许多基金经理都会管理多只指数基金。

4）指数基金买的主要是"一揽子"股票，并在各个权重股之间进行均衡配置，个股对于指数基金的表现影响相当有限，可以充分分散投资风险。

5）指数基金相比主动管理基金来讲费用较为低廉。

基于指数基金的以上优势，它具备了多种玩法：

1）定投是最常见的指数基金投资策略。定投指数基金相当于一场马拉松，它跟股票投资是相似的，需要选择好的指数，用好的价格买入，长期买入，耐心坚持。严格按纪律执行，才能有望获得超越市场的收益。

2）波段策略是指利用市场特有的波段运行规律，在波谷低价买入，在波峰高价卖出，从而获利的一种策略。指数基金交易效率高与交易费用低的特点，使其成为进行波段策略操作的较好工具之一。

3）我国的股票市场受热点、主题等多种因素驱动，同一时间段内不同行业之间的收益率的差异可能非常大，并且行情的切换也非常迅速。为了捕捉行业的结构性机会，跟上行情切换速度，轮动策略是一种有效方式。权益指数基金行业品种丰富、交易成本低等特点，使其成为了实现轮动策略的较好工具之一。

结 语

我国公募基金持股正在向指数化、工具化方向演进，被动投资的指数基金持股市值占比大幅上升。指数基金凭借着高透明度、成本低廉等优势，正在成为投资者长投、短炒、定投的良好工具，越来越受到市场的欢迎。

指数、指数投资、指数基金业务，既有其系统的理论基础，又有国际市场的成功实践，同时也酝酿和展现着其中国特色和前景。值中国指数基金诞生20周年之际，天弘指数基金用户数也突破了3000万，作为致力于持续拓展指数基金业务的团队，天弘基金和蚂蚁理财智库联合推出本书，汇集了3000万指数投资者的行为数据，通过多重维度客观分析和呈现用户行为，帮助用户深入了解指数基金，提升投资体验，以表持续耕耘之志，尽行业推动之责。天弘基金会持续加强在指数化投资领域的专业研究、拓宽投资范围、优化投资策略，更好地服务和匹配投资者需求，做大做强指数基金业务，反哺实体经济。未来，相信会有越来越多的投资者通过指数投资工具，分享中国经济增长的红利。

指数基金投资新思维

附　录

附录 A

出品方：天弘基金

联合出品：蚂蚁理财智库

附 录

天弘基金成立于 2004 年 11 月 8 日,是经中国证监会批准设立的全国性公募基金管理公司之一,目前注册资本为 5.143 亿元。2013 年,天弘基金与支付宝合作推出余额宝,是天弘余额宝货币市场基金管理人。截至 2022 年 6 月 30 日,公司共管理运作 160 只公募基金,业务范围涵盖二级市场股票投资、债券投资、现金管理、衍生品投资,以及股权、债权、其他财产权利投资等。天弘基金秉承"稳健理财,值得信赖"的经营理念,截至 2022 年 6 月 30 日,天弘基金资产管理规模为 12472.16 亿元,其中公募基金管理规模为 11968.95 亿元;非货币公募规模为 3347.08 亿元(数据来源:天弘基金,规模未剔除 ETF 联接基金和 FOF 基金重复投资 349.41 亿元)。截至 2022 年 6 月 30 日,天弘基金旗下公募基金自成立以来累计为客户赚取收益为 2884.43 亿元。

蚂蚁理财智库是由蚂蚁集团旗下蚂蚁财富平台发起，联合行业头部专业机构、专家、学者等，服务于广大普通投资者的理财智囊团。截至 2021 年末，已有超 30 家专业机构和高校，逾 60 位专家学者参与智库，以专业视角、通俗的语言、图文并茂的表现方式，让大众更加了解金融市场的发展变化，智库对资产配置以及合理的投资行为有更深入的了解，能助力广大投资者实现中长期的理财目标。

附录 B

天弘指数产品全系列场外对照表

天弘指数产品全系列场外对照表

A/C类代码	场外简称	行业分类	A/C类代码	场外简称	行业分类
014201/014202	天弘中证1000指数增强	宽基	015037/015038	天弘MSCI中国A50互联互通	宽基
001548/001549	天弘上证50指数	宽基	000962/005919	天弘中证500ETF联接	宽基
001588/001589	天弘中证800指数	宽基	000961/005918	天弘沪深300ETF联接	宽基
010953/010954	天弘国证A50指数	宽基	008592/008593	天弘沪深300指数增强	宽基
001556/001557	天弘中证500指数增强	宽基	011316/011317	天弘创业板300ETF联接	宽基
001592/001593	天弘创业板ETF联接	宽基	015794/015795	天弘创业板指数增强	宽基
012989/012990	天弘国证港股通50	宽基	001594/001595	天弘中证银行ETF联接	金融
001552/001553	天弘中证证券保险指数	金融	008590/008591	天弘中证全指证券公司ETF联接	金融
010202/010203	天弘中证科技100指数增强	科技	012894/012895	天弘中证科创创业50指数	科技
011839/011840	天弘中证人工智能主题指数	科技	001629/001630	天弘中证计算机主题ETF联接	科技
012552/012553	天弘中证芯片产业指数	科技	001617/001618	天弘中证电子ETF联接	科技
012559/012560	天弘中证沪港深科技龙头	科技	001550/001551	天弘中证医药100指数	医药

附 录

（续）

A/C 类代码	场外简称	行业分类	A/C 类代码	场外简称	行业分类
012326/012327	天弘中证医疗设备与服务 ETF 联接	医药	012401/012402	天弘中证医药指数增强	医药
011040/011041	天弘国证生物医药 ETF 联接	医药	014564/014565	天弘恒生沪深港创新药精选 50 联接	医药
008114/008115	天弘中证红利低波动 100	策略	014153/014154	天弘华证沪深港长期竞争力	策略
013053/013054	天弘国证龙头家电指数	消费	001631/001632	天弘中证食品饮料 ETF 联接	消费
010771/010772	天弘国证消费 100 指数增强	消费	013888/013889	天弘新华沪港深新兴消费品牌	消费
010769/010770	天弘中证农业主题指数	周期	014661/014662	天弘上海金联接	周期
012405/012419	天弘国证建筑材料指数	周期	011102/011103	天弘中证光伏产业指数	制造
010955/010956	天弘中证智能汽车	制造	011512/011513	天弘中证新能源汽车	制造
012328/012329	天弘中证新能源指数增强	制造	012212/012213	天弘中证高端装备制造增强	制造
015896/015897	天弘中证细分化工产业主题	制造	012561/012562	天弘中证新材料	制造
007721/007722	天弘标普 500	跨境	008763/008764	天弘越南市场股票（QDII）	跨境
009225/009226	天弘中证中美互联网指数（QDII）	跨境	012348/012349	天弘恒生科技指数（QDII）	跨境

附录 C

天弘指数产品全系列场内对照表

附录

天弘指数产品全系列场内对照表

制造
- 159857　光伏ETF
- 159703　新材料ETF
- 159770　机器人ETF

医药
- 159859　生物医药ETF
- 159873　医疗设备ETF
- 517380　创新药沪港深ETF

金融
- 515290　银行ETF天弘
- 159841　证券ETF

消费
- 159736　饮食ETF
- 517280　网购ETF

宽基
- 515330　300ETF天弘
- 159820　中证500ETF天弘
- 159977　创业板ETF天弘
- 159836　创300ETF
- 159603　双创龙头ETF

TMT
- 159997　电子ETF
- 159998　计算机ETF
- 517660　物联网沪港深ETF
- 517390　云计算沪港深ETF

商品
- 159830　上海金ETF